NHK BOOKS
1262

哲学とは何か

takeda seiji
竹田青嗣

NHK出版

目次

序　哲学の方法と功績　9

第一章　哲学の謎と普遍認識　19

一　「三つの謎」の由来　19
ゴルギアス・テーゼと相対主義／存在、認識、言語の謎／時間の謎／同一性の謎／意味の謎／美の謎／価値の謎

二　なぜ「普遍認識」が必要か　31
哲学と価値の多様性／相対主義の存在理由／「認識の謎」を解明する意義

第二章　近代哲学の苦闘と「認識の謎」の解明　39

一　近代哲学の苦闘　39
ホッブズとルソーの社会原理／民主主義社会の根本原理

二　カントとヘーゲル　45
カントのユニークな認識論／ヘーゲルの二つの功績／ヘーゲルの認識論はカントを乗り越えたか

三　ニーチェによる「本体論の解体」　54
現代論理学の迷走／なぜ「言語の数学化」はうまくいかなかったのか／リンゴスキーマから物自体スキーマまで／「力相関性」スキーマへ／相対主義的認識論の解体

四　フッサールによる認識問題の解明　70
誤読されたフッサール／現象学的還元とは何か／確信の構造を把握する／「認識の謎」の解明

第三章　現象学批判と『イデーン』解読　85

一　誤解と批判の源流――フッサール、ハイデガー、高弟たち　85
フッサールが誤解された三つの理由／弟子たちの無理解

二　「確信成立」の構造を解明する――『イデーン』解読　92
用語解釈の迷路／「ノエシス―ノエマ」の構造／知覚体験の進行―対象確信の構成／内在的知覚と超越的知覚（実的なものと想定されたもの）／連続的調和／世界の不可疑性／フッサールのテクストを自分で読んでみること

第四章　「言語の謎」と「存在の謎」の解明　113

一　現代言語哲学の迷宮　113

言語の謎／カルナップ対クワイン／固有名論争／「言語ゲーム」と言葉の本質／「意味の謎」を解明する／「同一性の謎」を解明する

二　現代思想の背理　130

デリダのフッサール批判／同一性の思考への批判／「時間の謎」を解明する／ハイデガー、「存在の謎」に挑む／新・実在論①　メイヤスーの論駁／新・実在論②　ガブリエルの戦略／「存在の謎」の解明

第五章　本質観取とは何か　159

一　本質観取と言語ゲーム　159

本質学のマニフェスト／「本質観取」とは何か／ハイデガーによる不安の本質観取／本質観取と言語ゲーム／「不安」の本質観取を展開する

二　本質観取のさまざまな事例　174

なつかしさの本質観取／医療の本質学／エロティシズムの本質

三　「心」「倫理」「社会」における本質学の可能性　184
心（心的なもの）／倫理／社会

第六章　現代哲学と社会理論の隘路　215

一　現代の批判思想　215
従属する主体と支配／天文学と占星術／フーコーによる近代社会批判／デリダの「贈与」という理想理念／権力と暴力の本質的な違い

二　アメリカ政治哲学の展開　231
ロールズの正義論／リバタリアンとコミュニタリアンからの反論／価値の多様性に阻まれる

第七章　「社会の本質学」への展望　241

一　社会の本質学を構想する　241
社会の本質とは何か／資本主義の現在／暴力の支配か、自由の解放か

二　本質学の普遍性を確保するために　254
いかにはじめの合意を設定するか／三つの社会原理——普遍戦争・一般意志・相互承認／条件法が可能にする「大きな合意」の形成／「選別する思想」の必要性／社会の本質学の根本原則／格差と市民社会

三　哲学の再生のために　274
「哲学のテーブル」という制度／哲学の志

引用文献　281

人名索引　288

校　閲　髙松完子
ＤＴＰ　㈲緑舎
編集協力　五十嵐広美

序　哲学の方法と功績

私はふとしたきっかけから哲学の道に踏み入り、以来、何冊かの哲学のイントロダクションを書いてきた。しかし、この本は、これまで書かれたどんな哲学入門とも違ったものになる。数年前に私は、自分の哲学の成果のすべてを注ぎ込むつもりで、『欲望論』（第一巻・第二巻）を書いたが、少したつと、哲学にとってきわめて重要なことを書き残した気がしてきた。この本は、そうした心残りの結果でもある。

哲学はなぜ世界史に登場し、どのような方法をもち、人間にとってどのような役割を果たしたのか、またいま、どのような役割を果たしうるのか。これがこの書の中心テーマである。私は、これまでどんな哲学入門書も、こうしたことがらについて十分明白に語らなかったと思う。この本を書くことで、現在われわれにとって、どれほど哲学が重要であるかを明らかにしてみたい。

哲学の知は、プロメテウスが人類に与えた技術の火ではなく、むしろ精神の真の展開のための種火であり、明確な役割と目的とをもっている。しかし、現在、哲学の火は消えかけている。私は、新しい世代がこの人間精神の輝く火をもう一度燃え立たせてくれるだろうという希望をもってこの本を書く。

この新しい哲学入門は二つの主題をもっている。第一に、哲学の最も重大な謎である三つの謎「存在の謎」「認識の謎」「言語の謎」を解明すること。これはギリシャ以来、現代にいたるまでヨーロッパ哲学が長く抱え込み、解明されない謎として未解決のまま残してきたものである。哲学のこの三つの謎を、私はこの本で一般の読者にも理解できるように解き明かしてみたい。

だが、なぜ哲学の謎の解明が必要なのか。その理由は、この謎が未解決のままに残されてきたために、哲学はその本義である「普遍認識*」の可能性を見失い、現在その生命を喪失しつつあるからだ。哲学の謎の根本的な解明は、哲学それ自体の再生にかかわっている。

第二に、哲学の謎の解明は、哲学を普遍認識の可能性として立て直すが、このことはわれわれが現代社会をどう理解しなおし、またどのようにこれに対処できるかについて、おそらく決定的に重要な手がかりを与えてくれるはずだ。この主題を、私は、「社会の本質学」という概念で示してみたい。

私はこの二つの主題を、「反哲学」を基調とする現代哲学の潮流に対抗して、考察しようと思う。つまり私は、現代哲学のさまざまな潮流が、哲学の本義を擁護するのかそれともこれを投げ捨ててしまうのかについて、一つの二者択一的な選択を迫ってみたいのだ。

哲学の謎の解明の意味を、もう少し明確に輪郭づけるために、二つの問いを置こう。まず哲学とはそもそも何であるか。そして、なぜ哲学の普遍認識がわれわれにとって必要なのか。

哲学とは何であるのか。まずこれを、宗教と比べてみよう。宗教は「物語」（神話）によって「世界説明」を行なう。だが何のために。その本質的理由は明らかだ。共同体における善悪、聖俗のルールを定め、そのことで共同体の秩序を安定させるために。つまり、暴力を縮減するために、である。

「世界説明」は共同体の根本ルールを創り出す。近代社会以前の世界では、ほとんど例外なく宗教が、神聖なものの威力によって王に統治の権限を与えていた。王は共同体のルールの絶対権限者であり、統治－支配の、財の配分のルールの絶対権限者だった。この秩序を人々は承認し、そのことが暴力の横溢を抑止していた。聖なる威力と最強者たる王の権威がないところでは、世界は普遍暴力**の闇へと落ち込むことを誰もが知っていたのだ。

＊ **普遍認識**　「普遍認識」という言葉は、この本のキーワードなので解説しておきたい。一般に対象の正しい認識は「客観認識」と呼ばれるが、ここでは、自然世界についての科学的な「客観認識」と区別して、哲学の中心主題である人間や社会にかかわる問いについての客観的な認識、つまり誰もが納得できる認識を、「普遍認識」と呼んでいる。「普遍認識」は、哲学の営みの根本目標といってもよい。しかし、「普遍認識」の不可能性を説く懐疑論や相対主義も、一つの哲学説として存在する。

＊＊ **普遍暴力**　人間社会は、生来の肉体の強さがおのずと秩序を決める動物世界とは違い、知力があるために弱い者も強い者に打ち克つ可能性をもつ。このため人間社会では、身を守る上での不安と必要から、文明発生以来、共同体間の戦争が絶えず続いてきた。ホッブズはこれを「万人の万人に対する戦争」というキーワードで示した。このホッブズ説は、人間の歴史がおびただしい戦争の歴史だったことでよく証明されてい

さて、哲学は、はじめて「物語」ではなく、「概念」と「原理」による世界説明の試みとして登場した。このことで哲学の世界説明は、「共同体」「宗教」「文化」の限界を超え出て、すべての人間の理性に開かれた世界説明の「言語ゲーム*」となった。

ギリシャ哲学の出発点はミレトスのタレス（前七世紀―前六世紀）である。彼は、「はじめに神が六日で天地を創造した」と物語る代わりに、「万物の原理は水である」と説いた。タレスの弟子とされるアナクシマンドロスは、万物の原理を「無限なもの（ト・アペイロン）」と主張した。「水」は純粋すぎて世界の多様性を説明できないと考えたからだ。さらにアナクシメネスは「空気（プネウマ）」だと主張した。「無限なもの」は抽象観念にすぎず、誰にも確証されないからである。

このギリシャ哲学の出発のシーンは、哲学の根本方法をきわめてよくわれわれに教えている。そこでは、いわば「哲学のテーブル」という開かれた言語ゲームがあり、誰であれ、ある問題について最も適切と思えるキーワード（＝原理）をテーブルの上におき、そのキーワードは、さらにより多くの人間が納得できるキーワードへと鍛えられてゆくのだ。

こうした哲学の思考方法を以下に総括できる。ある問題について、さまざまな考えの中から、これについては誰もがこう考えざるをえない、という考え方の道を探して進むという方法である、と。宗教の世界説明は任意の「物語」によって作られる。しかし哲学はこの方法を排して、「誰にとってもこう考えるほかない」という方法、つまり普遍的な共通了解をめがける思考の方法なのである。

さて、では、この哲学の方法の最大の功績は何だったかと問うてみよう。私は二つのことを挙げる。第一に、哲学の方法は「自然哲学」を成立させ、それはやがて人間にとっての技術の火である「自然科学」を生み出したということ。つまり、哲学は科学の父でありその起源なのだ。近代ヨーロッパでは、自然科学がまさしく哲学の方法の発展形態であることを、誰もが知っていた。近代物理学の基礎となったアイザック・ニュートンの著作のタイトルは、『自然哲学の数学的原理』である。

哲学には、もう一つの重要な功績がある。それは、近代哲学によって「近代社会」の根本の設計図が描かれた、ということにほかならない。

キリスト教の世界説明が長く世の中を支配したのち、近代哲学は、社会についての新しい世界説明を創出した。すなわち、社会は最強者たる王を排除して、人々による統治権力を立てることる。人間の歴史は、ある意味で、たえず生じる戦争をいかに抑制するかの歴史だったといえる。「普遍戦争」あるいは「普遍闘争」という言葉もほぼ同じ意味で使われる。

＊**言語ゲーム**　「言語ゲーム」はウィトゲンシュタインの『哲学的探究』に出てくる哲学的用語。人間の社会は、言葉によってさまざまなルールを創り上げることで成り立っている、という含意がある。宗教も哲学も、ある意味で、人々が共有できる「世界説明」を言葉によって創り上げるゲームと見なすことができる。こう見ると、哲学とは、「物語」ではなく概念を用い、「原理」（キーワード）をおき、それを出発点として次の哲学者が「原理」をさらに継承的に展開してゆく、世界説明の言語ゲーム、とみなすことができる。

ができるということ、人民の「一般意志」による統治権力が可能だという考えである。近代以前は、普遍暴力を抑制する原理は、聖なる権威と王の覇権による集中統治以外には存在しなかった（連合形態があったがきわめて例外的）。この新しい世界説明、つまり近代の「市民社会」の原理によって、人間社会は、文明発生以来はじめて、万人の自由が確保される社会という未曾有の社会システムを手に入れたのである。

つぎの問いは、なぜ普遍認識が必要なのか、である。まずつぎのように言わねばならない。個々の人間にとって何が大事なことかはそれぞれ違う。だから、とくに近代社会では、考え方の多様性というものはきわめて重要なものであり保証されねばならない。しかしこれとはべつに、人間社会はつねに共通了解、共通の考え方を創り出す必要をもっている。たとえば近代以前のヨーロッパでは、カトリックとプロテスタントが教義（世界観）の違いによって、百年以上も、信仰上の戦いの泥沼から抜け出せなかった。つまり社会的な聖俗や善悪にかかわることがらについて、〝誰もが納得できる共通了解〟を見出す方法を創り出すことは、多様な人間の共存のために不可欠なのである。

デカルトの「われ考えるゆえにわれあり」は、誰もが疑いえない明証性の地点（＝われ存在す）を普遍的な世界説明の出発点とすべきである、という哲学的思考の根本的な再建を意味していた。近代哲学は「普遍認識の探求を本義とする」という理念のもとに再出発したのである。

しかし、普遍認識の探求としての哲学というこの理念は、近代哲学の進展のうちで挫折する。理論的な側面としていえば、普遍認識をめがける哲学者たちの構想は、デイヴィッド・ヒュームの、「正しい世界認識の不可能性」という強力な説によって大きな打撃をうけることになる。

さらに深刻なのが社会的現実の側面である。近代国家どうしははげしい生存競争(資本主義戦争)を繰り広げ、ヨーロッパの世界支配という事態と国民国家どうしの世界戦争という、類を見ない悲惨な結果がもたらされる。ここから、ヨーロッパの近代、近代国家、資本主義システムなどに対する、根本的な批判とその克服の思想(哲学)が生じてきた。

それを代表するのがマルクス主義である。マルクス主義は近代社会が陥った深刻な矛盾を克服するために、共産主義の原理を「唯一の正しい世界観」として提示した。しかしこれは多くの人々の共感を勝ち取る一方、多くの反対者をも生み、二十世紀前半のイデオロギー対立の時代を作り出した。それが意味するのは、近代哲学が構想した普遍的な世界認識の理念の挫折ということである。客観認識の方法は自然科学の領域においてしか確立されなかったのだ。

それだけではない。「正しい世界観」を主張したマルクス主義の現実態としての社会主義国家

＊ **一般意志** ルソーの『社会契約論』に出てくる概念。皇帝や王など特定の人物による支配的統治ではなく、社会の成員全体の合意と意志による「人民の統治」が可能とした。かみ砕いていえば、どんな特権者をも排して、対等の権利で全員で社会を営もうとする「みんなの意志」のこと。近代社会の仕組みの根本をなす概念である。

は、大量の人間の粛清といった事態を含む大きな矛盾を露呈した。ここから、哲学的相対主義としてのポストモダン思想が新しい社会批判の担い手として登場し、「これこそが正しい認識だ」とする主張は、きわめて危険なもの、避けなくてはならないものと見なされた。

さらに、すべての人間の自由を解放するという「近代社会」の原理は、実際にはヨーロッパ列強の世界支配を生み出すことになり、ヨーロッパ以外の文明に生きる人々にとってそれは、自由の解放の原理であるどころか、むしろ「暴力的な支配の原理」以外の何ものをも意味しなかった。こうして、二十世紀の半ば以降、哲学の中心的理念であった「普遍性」と「原理」という二つの言葉は強く忌避され、嫌厭されることになった。これらの言葉は、絶対的な真理や独断的ドグマの観念と結びつけられ、〝ヨーロッパ中心主義〟を代表する観念として総じて批判的に見られてきたのである。

だがわれわれの現代社会は、現在、きわめて重要な岐路に立っている。それを象徴するのは、おそらくここ四十年の間に進行した、現代資本主義における富の格差の拡大の進行である。それが孕んでいる重大な危機は、人間の理性による対処なしには克服できないものだ。しかし、現代の相対主義的思潮は、人々が理性の力によって矛盾に向き合う可能性を阻害してきた。それはどこまでも普遍認識の可能性を否認し、その危険と無効を喧伝しつづけてきたからである。

相対主義思想は、われわれがどのように現代社会の現状を把握し、その克服のためにどこへ向かって踏み出すべきかについての認識、「このことについては誰もがそう考えるほかない」という普遍認識を創り出すことができない。

ここに、「認識の謎」の解明という課題が重要なものとなる理由がある。哲学的には、「認識の謎」が示すアポリア（難問）を解明することなく、普遍認識の可能性を根拠づけ、その方法を明示することはできない。そのことは、現代社会の深刻な危機に対する現代哲学と思想の挫折と敗北とを意味する。本書が「社会の本質学」の可能性というテーマを含むのは、この問題にかかわっている。

近代哲学の普遍認識の理念の挫折は、マルクス主義の崩壊の後に現われたさまざまな社会思想の現状に、如実に示されている。現在、われわれがいかに現代社会の矛盾を乗り越えるかに関して、おびただしい数の社会理論、社会思想、救済思想、原理主義思想等々が存在している。ちょうどかつてプロテスタント宗派が、おびただしい数のセクトを生み出したように。

これら社会の諸理論の分裂は、近代社会特有の「価値の多様性」を根拠として生じている。われわれはこの現状から、人々の最も重要な要求を表現する普遍的な社会の思想を創り出すことができるだろうか。

こうして、はじめの一歩は、まず「認識の謎」を解くことからはじめねばならない。どれほど迂遠《うえん》な道に見えようと、多くの人々の理性と意志が、現実の「力の論理」に打ち克つためには、哲学と普遍認識に対する信頼がまず回復されねばならないからだ。

本書は、そういう理由で、完全に新しい哲学入門の書とならざるをえない。この試みの意義を理解する読者は、哲学を単なる知識の集積としてではなく、人間と社会の未来に対する一つの「志」として理解するであろう。

第一章
哲学の謎と普遍認識

一　「三つの謎」の由来

ゴルギアス・テーゼと相対主義

まず哲学の三つの「謎」からはじめよう。これは、ギリシャ哲学以来、長く哲学につきまとう難問である。世界を探求する哲学者たちの努力は、このやっかいな難問の壁にぶつかってつねに挫折の運命をたどってきた。この三つの謎は哲学の宿敵なのだ。

ギリシャ哲学においてこの「哲学の謎」を象徴するのは、ソフィストとして知られたゴルギアス（前五世紀–前四世紀）による、存在と認識と言語についてのつぎの三つの論証である。これをゴルギアス・テーゼと呼んでおく。

(1) およそ何ものも存在しえない。あるいは存在は証明されない。
(2) 万一存在があるとしても、決して認識されない。
(3) 万一存在が認識されたとしても、決して言語によって示しえない。

ゴルギアスの三つのテーゼは、哲学にとって破壊的な意味をもっている。それは普遍認識をめがける哲学の営みの、不可能性の論証だからだ。さらに重大なのは、ゴルギアス・テーゼは、現代哲学にいたるまでの一切の哲学的相対主義＝懐疑論の源泉であり、そのエッセンスを示しているということだ。

ゴルギアス・テーゼの論証は、主として帰謬《きびゅう》論法（背理法ともいう）と呼ばれる論理によっているが、たとえば(1)の「存在」についての要点は以下である。

存在があるか無があるかのいずれかだが、どちらも証明されない。まず、無はない。無があるというのは矛盾だから。つぎに、存在もない。存在があるとすれば、永遠にあるか生成したかのどちらかだが、存在が永遠ならそれは始まりをもたず、つまり無限である。だが、無限なものは何にも限定されないので、存在の場所をもたない。存在はまた生成でもありえない。無からは何ものも生じないからだ。こうして、存在は永遠としても生成としても証明されず、それゆえまったく証明されない……。

ゴルギアス・テーゼは、帰謬論の特質をよく表現している。まず、あることがらはAかBかのどちらかである、と前提し、つぎに、一方の主張の矛盾を証明することで、もう一方を「正しい」と結論する。この論法が最も典型的だが、ここでのゴルギアスは、Aという主張もBという主張も矛盾に陥ることを証明し、このことによってことがらそれ自体を、あるいはことがらを認識する可能性自体を否定する、という論法をとっている。

プラトン（前四二七—前三四七）もアリストテレス（前三八四—前三二二）も、帰謬論を用いて一切を相対化するソフィストの議論を反駁して、自分の普遍的な哲学体系を打ち立ててビッグネームになった。だが、彼らの大きな仕事も、ゴルギアス・テーゼを完全に論駁したとはいえない。哲学の相対主義＝懐疑論者たちはどこにいるか。まずギリシャのソフィストたち。ローマ期のピュロン主義者たち。中世のキリスト教哲学絶対の時代では禁止されたが、近代に入ると多くの小懐疑論者たちが現われて、教会の権威に対抗した。この小懐疑主義者たちを方法的懐疑*によって反駁して、デカルトが近代哲学の基礎を打ち立てたことはよく知られている。そして、近代哲学で第一のビッグネームとされるのはヒュームである（正確を期せば、ヒュームは世界の普遍認

---

* **方法的懐疑**　デカルトは、当時現われていた多くの懐疑主義的議論に対して、一切を懐疑することでかえって「唯一の確実なもの」を見出すという「方法的懐疑」の考え方を提示することによって、普遍認識としての哲学の方法を建て直そうとした。この「唯一の確実なもの」が、「われ考えるゆえにわれあり」、すなわち、疑う私の存在だけは誰も疑うことはできないという哲学の権利上の始発点とされる。

識には反対したが相対主義=懐疑論者ではない)。その後、カント、ヘーゲルという正統的な普遍認識派がヨーロッパ哲学の主流をなしたが、これを受け継いだマルクス主義が登場した後、現代哲学に入ると相対主義が主流となる。現代分析哲学やポストモダン思想がこれにあたる。

先にふれたように、相対主義=懐疑論は批判者としては強力だが、しかしそれ自身大きな論理的矛盾をもっている。だから優れた哲学者たちはほとんど例外なく相対主義=懐疑論を批判している。プラトン、アリストテレス、デカルト、カント、ヘーゲル、フッサール、ウィトゲンシュタインなどである。相対主義=懐疑論は、そもそも哲学の普遍性や原理の考えを否定するから、それ自体から優れた哲学的原理が現われることはない。しかし、にもかかわらず、哲学の歴史は、普遍認識をめがける哲学とこれに反対する相対主義哲学との、長い論争の歴史だったという側面をもっている。

存在、認識、言語の謎

哲学において相対主義=懐疑論が根強く続いてきたことには、大きく言えば二つの理由がある。ここではもう一度ゴルギアス・テーゼに着目しよう。絶対的な普遍認識はありえないという相対主義哲学の根本的根拠をなすのがゴルギアス・テーゼだが、これを追いつめて図式化すると図1のようになる。ゴルギアスは、存在と認識の間、そして認識と言語の間には決して厳密な一致が

存在 （現実、対象、客観）	≠	認識 （主観）	≠	言語 （哲学説）

図１　ゴルギアス・テーゼの定式

ありえないことを論証する（さらに、言語と「聞き手、読み手の理解」の間の不一致をつけ加えてよい）。

ギリシャのソフィストの「なんとでも言える」帰謬論、近代哲学での「主観と客観の不一致」問題（これは「認識問題」と呼ばれる）、そして現代哲学での「認識と言語の不一致」問題は、いずれも認識論＊上の難問が形を変えて現われたものである。これらを見ると、ゴルギアス・テーゼが一切の哲学的相対主義の源泉となってきたことが一目瞭然である。

優れた哲学者たちは、繰り返しこの不一致（つまり普遍認識の不可能性）の構図を論駁しようとしたが、誰もそれをなしとげることができなかった。なぜなら、「絶対的な普遍認識が可能か不可能か」という論理のレベルでは、それは原理的に不可能、というゴルギアス・テーゼのほうが強力だからである。そのため、相対主義＝懐疑論と普遍認識派の議論は、決着がつかないままどこまでも続くことになる。そしてこの普遍認識の不可能性のテーゼが、哲学における三つの難問、

＊**認識論**　哲学における、普遍的な認識は可能かどうかにかかわる理論。人間の認識の構造についての理論を含む。ギリシャ哲学ではプラトンやアリストテレスの反ソフィスト論（反帰謬論）や論理学などの形をとり、近代哲学では「主観と客観が一致するか」という問題としてほとんどの哲学者に探求された（近代哲学では「認識問題」と呼ばれた）。哲学の「三つの謎」はすべてこの認識論の問いを土台に生じている。

「存在の謎」「認識の謎」「言語の謎」の源泉になっているのである。*

さて、これら三つの謎の要《かなめ》の部分をなすのが、普遍認識が可能か不可能かという問題なのだが、ゴルギアス・テーゼに象徴されるこの認識論上の難問は、じつをいえば近代の最後にきて、ニーチェとフッサールという二人の哲学者によってほぼ解明されることになる。ところが、このことはいくつかの事情のためにほとんど理解されないままなのである。そしてそのために哲学の「三つの謎」は未解決のまま現代哲学に持ち越されており、現代分析哲学の中心問題として（とくに「言語の謎」の形をとる）議論が延々と続いているのだ。

哲学の最大の難問といえる認識問題が、じつは二人の哲学者によって解明されていること、またこの帰結が哲学に何をもたらすのかを明らかにすること、これがこの本の中心的課題の一つだが、これについては少し後回しにする。その前に、哲学において現われる「謎」（パズル）が、認識論の根本的な問題、すなわち普遍認識はそもそも可能か、可能であるとしたらそれはいかにしてか、という「認識の謎」から派生的に生じたものだということを理解せねばならない。

つまり、哲学の中心的な謎は「認識の謎」であり、そこから「存在の謎」と「言語の謎」が現われたと言える。そしてまた、さらに派生的に現われる謎が、たとえば時間の謎、同一性の謎、意味の謎、美の謎、そして価値の謎などである。これらの謎は、とくに現代哲学において膨大な議論の山を築いているのだが、重要なのは、これらの哲学的謎は、「認識の謎」が根本的に解かれないかぎり決して解かれえないということなのである。

ともあれ、哲学におけるさまざまなパラドクスやアポリアを、以下に一瞥してみよう。

時間の謎

時間の謎については、まずエレアのゼノンの名を挙げねばならない。彼は、「アキレスと亀のパラドクス」というよく知られた難問を作り出した。少し先の地点から出発させるというハンデを亀につけて快足のアキレスと競争させてみる。すると論理的には、アキレスは決して亀を追い越すことができない。その理路は以下である。

快足のアキレスはたちまち、さっき亀がいた地点に到達するが、そのとき亀はわずかにアキレスの前の地点に進んでいる。アキレスがまたそこに到達すると亀は再びわずかにその前にいる。そして、以下同じことの繰り返しとなる。アキレスがこの「わずかに前にいる亀」を追い越すためには、論理的には、彼は無限の点を通過する必要がある。だが、誰も一定の時間のうちに無限

＊ **哲学の三つの謎**　「存在の謎」は、「世界とは何か」について必ずさまざまな答えが現われ、決して正しい答えが見出せないこと。ここから、そもそも「存在」自体をどう考えるべきかという新しい問いも現われる。「認識の謎」は、「世界とは何か」に正しい答えを与えるためには正しい認識方法が必要だが、それをいかに見出すかについて、またさまざまな考えが現われて決着がつかないこと。最後の「言語の謎」は、認識の謎の派生態で、そもそも言語は認識を正しく伝えることができるのかという疑問に、誰も明瞭に答えられないこと。ゴルギアス・テーゼがこの三つの哲学の謎を見事に表現していることが理解できるだろう。

の点を通過することはできないので、アキレスは亀を追い越せないことになる。

さて、このパラドクスのポイントは、「有限の時間のうちに無限の点を越えることはできない」ということにある。数学を使ってもこのパラドクスは解けないという人もいるのだが、むしろ、これは数学的には解けないように作られたパラドクスなのだ。このような時間と空間についての不思議なパラドクスを、ゼノンはほかにも多く考案している。

その後、時間を哲学にとっての重要な「謎」として提示したのはアウグスティヌス（インドではナーガールジュナの時間論が有名）である。こんなふうに言っている。《未来もなく過去もない。厳密な意味では、過去、現在、未来という三つの時があるともいえない。おそらく、厳密にはこういうべきであろう。「三つの時がある。過去についての現在、現在についての現在、未来についての現在」》（『告白』421頁 山田晶訳）。

未来や過去は「いま」存在していない。なのになぜわれわれは過去や未来が「ある」と言うのか。結局「今」だけがあるのではないのか。また言う。誰も過ぎ去る音自体を捉えられない。にもかかわらず、われわれはなぜ、ある長さをもった音楽を体験できるのか。

現代哲学ではジョン・マクタガートの「時間は存在しない」というパラドクスが知られている。しかしその中味は帰謬論を使った論証であって、「存在は論証できない」というゴルギアス・テーゼを変形したものにすぎない。

時間の謎は、時間というものが、言葉で規定されえない性質をもつことから、哲学史の中でもとくに哲学者たちの興味を強く引くテーマとして探求されてきた。そもそも「時間」は「存在」するものなのかどうかも判然としないからである。この問題の最も重要なポイントは、われわれが生きている実存的時間と、だれもが共通に生きている客観的時間という二つの契機の間の関係を適切に思考することにある。だがこの謎の解明は、以下のものも含め、第四章「『哲学の謎』の解明」に譲ることにしよう。

同一性の謎

同一性の謎は、ギリシャ哲学では、ヘラクレイトスの「誰も同じ（同一の）川に二度入れない」や、何度も修理を重ねてはじめの素材がほとんど残っていない「テセウスの船」の同一性の問題がこれに当たる。

現代哲学でも「同一性」の問いの考案が競われている。たとえば、ある男が沼で雷に打たれて死ぬが、同時に雷の衝撃によって泥から男と同一組成の人間「スワンプマン」が生成した。男とスワンプマンは同一人物と言えるか、という謎（ドナルド・デイヴィッドソンが考案）。また、人間と完全に同一の肉体と脳神経組織をもちながら人間的意識はもっていないというゾンビはありうるか、という謎（デイヴィッド・チャーマーズが考案）。そもそも人間は幼児から出発して老人になるが、この人間の同一性をどのように規定できるか、等々。ほかにも山ほどある。しかし、いずれも謎を提起しているだけで問題を本質的に解明しているものは存在しない。

意味の謎

意味の謎のよく知られたものとしては、「クレタ島の嘘つきのパラドクス」がある。あるクレタ島人が、すべてのクレタ島人は嘘つきであると言ったが、これは本当か、というもの。これも、「自己言及のパラドクス」などと呼ばれていて無数の例がある。

しかし「意味の謎」を代表するのは、なんといっても『哲学的探究』におけるウィトゲンシュタイン（一八八九―一九五一）である。たとえば、少しデフォルメしていえば、私が見ている赤い色は君が見ている赤い色と同じ赤であることを証明できるか、その同一性はいかにして確かめられるか（感覚の同一性）。また、私の言う「空は青い」と、君の言う「空は青い」ははたして同じ「意味」をもつといえるか（意味の同一性）、などの興味深い問いが示されている。

現代言語哲学では、ウィトゲンシュタインの問いをはじめとして意味の同一性について長い議論がある。たとえば、「アリストテレス」という固有名詞の「意味」を厳密に規定できるか、という問いで、バートランド・ラッセル、ソール・クリプキ、ジョン・サールなどさまざまな哲学者が大議論を繰り広げた（これについても後に見る）。

ほかにも、ラッセルの「無限集合のパラドクス」や、根拠の無限背進（ある命題の根拠を示しても、それが正しいとされるための根拠がまた要求される）をいう「ミュンヒハウゼンのトリレンマ」（ハンス・アルバートが考案）、クリプキによる「クワス算数」のパラドクス（規則のパラドクス）など、さまざまなパラドクスが生み出されている。

こうして、現代哲学では、誰もゴルギアスの「存在、認識、言語の間の一致はない」を根本的には論駁できないため、こうした哲学的パズルについての果てしのない議論が続くことになる。

美の謎

美の謎の最初の提示者はプラトンで、『パイドン』に出て来る。われわれの視覚は、単に陰翳《いんえい》と色合いだけを観て取る感覚なのに、なぜ花を見て「美しい」と感じるのか。たしかにこれは一つの重要な難問であって、プラトンの出した答えは、われわれはかつて天上界で「美のイデア（本質）」を見た記憶があるからだ、というものだ（想起説）。

この美の謎に関しては、近代哲学に長い探求の歴史がある。カントの『判断力批判』、シラーの『美と芸術の理論』、ヘーゲルの『美学』、ニコライ・ハルトマンの『美学』等々。しかしこれらもまた、「認識の謎」の解明なしに根本的な解決に達しえない問いだといっておく。

価値の謎

美の謎は、もっといえば「価値の謎」に属する。これには、ウィトゲンシュタインの象徴的な言葉がある。《倫理を言葉になしえぬことは明らかである。倫理学は先験的だ。（倫理学と美的感覚とは一体である。）》（『論理哲学論考』116―117頁 奥雅博訳）つまり、そもそも哲学は「価値」の問いを論じることはできない、というのだ。その理由は、善や美については、その真偽を論理的に規定することはできないから。これは、感覚・審美性と言語の間の「不一致」という問題であって、やはりゴルギアス・テーゼの一変奏といえる。

ゴットロープ・フレーゲやラッセルに発する現代言語哲学は、論理学を方法の大前提としている。というのは、ここには、言語の論理学的使用こそが伝統哲学における言語の形而上学的使用を克服して、普遍認識の可能性をもたらしうるという哲学上の大きな転換があったからだ（これを言語論的転回と呼ぶ）。しかし、ここでも、近代哲学における「主観と客観の不一致」という謎が「存在（あるいは認識）と言語の不一致」の謎へと変化したにすぎず、「認識の謎」の解明が果たされたわけではない。

二　なぜ「普遍認識」が必要か

哲学と価値の多様性

さて、哲学はなぜこれほどまでに認識の問題にこだわるのだろうか。哲学者たちが「認識の謎」を解明しようとするのは、もちろん普遍認識の可能性を求めるためである。だが、そもそもなぜ哲学は普遍認識を必要とするのか。

現代哲学ではしかし、普遍認識の探求としての哲学を否定する考えが主流である。一つは言語哲学（分析哲学）で、これはもともとは、形而上学の克服のために論理学で哲学を立て直す試みだったが、むしろ論理学でも「存在―認識」と言語の一致は不可能、という結論に行きついたのだ。もう一方はポストモダン思想で、これは出発点がすでに相対主義である。だから、総じて現代哲学では、「普遍性」や「原理」の概念は、否定すべきものと見なされる。「普遍性」や「原理」の考えは形而上学や独断論*的世界観に結びつけられ、とくに二十世紀の

＊**独断論**　一般には、ものごとを、納得できる根拠を示さずに断定する議論。哲学的には重要な意味をもっており、どんな普遍認識もありえないとする相対主義＝懐疑論と対立する。世界は理性の合理的推論によって正しく認識できるというスピノザの「合理論」と、すべての「世界観」は相対的であると主張するヒュームの懐疑論との対立がその典型である。

全体主義やスターリニズムの後ろ盾になったと見なされた。そこから、世界について多様な考えがあっていいではないか、むしろさまざまな考えがあることが重要ではないか、という相対主義の主張が強い説得力をもつにいたったのだ。

だが、哲学のそもそもの成り立ちを考えれば、この主張には大きな勘違いがあるといわねばならない。

哲学は、その起源からいって、多様な考えをもつ人間が集まって、ある問題について共通の了解を創り出そうとする、「開かれた言語ゲーム」として現われた。ここに、哲学が「普遍認識」を求めるゲームだということのもともとの意味がある。

哲学のテーブルに集まる人々が同じ共同体の人間なら、聖俗や善悪が何であるかははじめから暗黙のうちに合意されている。共同体のテーブルでは、誰がルール権限をもつかを決めることが中心的な課題であって、ここでは、ある問題について多様な考え方がぶつかりあい、そこからこれを鍛えてより大きな共通了解を取り出すという必要は、はじめから存在しない。

哲学の方法が、物語を使わず概念と原理を使い、再始発によって原理を展開するという独自の方法的原則をもつのはそのためである。だからこそ宗教とは違う思考法として「哲学」と呼ばれたのである。

哲学の方法を、「物語」によって世界説明を与える宗教の方法と比べれば、その長所は明らかである。それは文化や宗教的枠組みを超えて、より「普遍的な考え方」(=共通の世界説明)を創り出す方法であって、普遍認識など必要ないと主張することは、すなわち共同体的な世界説明の方法である宗教があれば十分だ、と言うことに等しいのである。

ただ、哲学の方法にも一つ大きな弱点がある。それは、まさしく概念を論理的に使うというその特質から現われる。つまり、ここから、「白を黒と言いくるめる」という詭弁《きべん》的論理の方法、相手を何とでも論駁する「帰謬論」が出てくるのである。

物語ではなく概念を論理的に使うという哲学の方法は諸刃の剣であって、これが普遍認識に対する相対主義＝懐疑論の中心的な武器となるのだ。

世界についてさまざまな考えがあったほうがよいという相対主義＝懐疑論者の主張には重要な錯覚がある。そもそも哲学は、さまざまな言説の自由が許容される領域で生まれ出る（中国の諸子百家、インドの六師外道《ろくしげどう》、そして自由ポリス〔古代都市国家〕におけるギリシャ哲学）。商業の発達などで古典的な共同体の一体性がくずれ、価値の多様性が現われてその調停が必要とされるからだ。

この必要がなければ哲学が登場する理由はなく、「物語」や「教説」という形での世界説明で十分である。しかも一つの共同体には一つの世界説明しか許されない。つまり、そこではそもそも価値の多様性ということ自体が存在しえず、それゆえ相対主義も存在理由をもたない。

さらに相対主義には一つの逆説がある。相対主義＝懐疑論は、普遍的な考えなどは存在しえず多様な価値観こそ重要だと主張するが、じつはこの主張を追いつめると、「力がすべてを決定する」、という論理に行きつくのだ。

どんな考えも相対的なら善悪や正義・不正義の根拠はどこにも存在せず、ニーチェが示唆したように、結局最も強力な者が「真理」を僭称《せんしょう》することになる。何が善悪や正義不正義なのかを決定できるのは、「力」だけになるからだ。そしてそういう場所では、多様な価値観はまったく禁じられてしまう。

こうして、相対主義＝懐疑論は、哲学的には本性として矛盾をもった主張であり、ヘーゲルが言ったように「矛盾の巣窟」となる。それは、何が普遍的かを考えあう言語ゲームのテーブルで、「普遍的なものは何もない、ということだけが普遍的だ」と主張するのである。

相対主義の存在理由

しかし、にもかかわらず哲学から相対主義＝懐疑論はなくならない。そこには、先に述べたゴルギアス・テーゼの強力さということのほかに、もう一つ重要な理由がある。

哲学の「原理」は、絶対的な「真理」とはまったく違ったもので、その時代の中で、人々が必要とする新しい普遍的な（多くの人間が合意できる）「世界説明」を創り出す。つまり、哲学がそれなりの実を結んで、多くの人が「なるほど」と思うような優れた哲学が現われると、それははじめのうちは生き生きとした普遍的な世界説明として人々に受け入れられる。

しかし時代や社会のありようが変化すると、この新しい世界説明はそのままの形では古くなってくる。また、一つの哲学（世界説明）が政治権力と結びついたりして大きな権威になると、これをどこまでも固守しようとする学者たちも現われてくる。いまや人々は、より新しい世界説明を必要とするが、しかし多様な人々が合意できるような新しい世界説明は、そう簡単には創り出せない。といって、既成の権威となった古い世界説明にも違和感がある。相対主義＝懐疑論が重要な役割を果たすのは、まさしくこういうときである。

近代のはじめ、キリスト教の哲学＝世界説明が古くなって人々がこれに違和感をもったとき、さまざまな懐疑論が現われてこの大きな権威に反対した。やがてその中からデカルトが哲学の原理を再興するまでは、懐疑論（相対主義）が人々の違和感をよく支えたのである。

その後、十九世紀後半に、近代哲学の主流だったドイツ観念論哲学が古くなったあと、マルクス主義が「唯一の正しい世界観」を僭称して登場し、人々はこれを受け入れた。しかしそれが独断論的矛盾を露呈して崩壊したとき、ポストモダン思想という強力な哲学的相対主義が登場して、マルクス主義に代わって現実世界に対する人々の異議を支えた。しかし、相対主義＝懐疑論が思想界で主流になると、「普遍性」や「原理」の概念を否定することで、こんどは新しい哲学の考えを抑止する力へと転化してしまうのである。

「認識の謎」を解明する意義

こうして、ヨーロッパ哲学では、ギリシャ以来、普遍認識派と相対主義が認識論上の対立を長くつづけてきた。多くの優れた哲学者たちは普遍認識を追求したが、しかしだからといって、ゴルギアス・テーゼの難問が完全に克服されたわけではなかった。

先にも触れたが、現代哲学では、普遍認識の探求は「論理学」の形で出発した。しかし論理学の徹底は、かえって「存在―認識」と言語の「一致の不可能性」の論証に傾くことになり、それが現代哲学の反哲学、反普遍認識の潮流を生み出したのである。

普遍認識の可能性は、哲学の根本理念だといっていい。この可能性が存在しなければ哲学はその本質的な存在理由を失う。相対主義の潮流はこの可能性を否定することで、善悪、正義・不正義の根拠を掘り崩すのだ。優れた哲学者たちが長く認識問題に、つまりゴルギアス・テーゼが示す「認識の謎」の解明にこだわってきたのは、まさしくそのためである。

繰り返せば、この本の中心的課題の一つは、ニーチェとフッサールによる認識問題の完全な解明と、その意義を明瞭にすることである。哲学における「認識の謎」の解明を明晰な仕方で示すことは、哲学の未来にとって決定的な転回を意味する。また人間社会の未来にとっても決定的な重要性をもっている、とさしあたり言っておこう。

ギリシャ哲学から現われた「認識の謎」は、ヨーロッパ哲学の全体を通して哲学の本義を揺るがすような大きな難問となった。われわれはこの謎がいかにして解明されたかを確認する必要があるが、まずは、ビッグネームの近代哲学者たちがこの問題にどのように向き合い、格闘したかについて大きな輪郭を描き、その後で、ニーチェ、フッサールがどのようにこの問題を解明したかを見ることにしよう。

そして、「認識の謎」の解明が、哲学にどのような新しい地平を拓くことになるかについて、読者はしっかりと見届けてほしいと思う。

第二章

近代哲学の苦闘と「認識の謎」の解明

一　近代哲学の苦闘

ホッブズとルソーの社会原理

よく知られているように、近代哲学は、デカルトの「われ考えるゆえにわれあり」という「原理」によって再出発する。懐疑論を極限まで（方法的に）推し進めると、「私は存在する」という誰にも疑えない地点に達する、それゆえここが哲学の権利的な出発点とならねばならない。

この原理によって、キリスト教の「神が存在する」という前提は打倒され、哲学は、ギリシャ哲学で打ち立てられた、まったくの白紙から概念と原理をもちいて「世界説明」を展開してゆく、という方法に立ち戻る。哲学の根本方法が再興されたのである。

ところが、哲学が、論理と原理の方法によって世界について考えはじめるや、すぐにゴルギアスのあの難問、存在と認識との厳密な一致はないという「認識の謎」も帰ってくる。近代哲学においてそれは、「主観―客観」の一致は証明されない、という命題の形をとった（これを示したのもデカルトである。彼は問いを立て、みずからそれに答ようとしたのだ）。ここから、近代哲学者の「認識問題」についての格闘が始まることになる。

しかし、この主題に入る前に二人の近代哲学者に立ち止まっておく必要がある。トマス・ホッブズ（一五八八―一六七九）とジャン＝ジャック・ルソー（一七一二―七八）である。

この二人は、普遍認識が可能かどうかといった問題には煩わされることなく、社会哲学上のきわめて重要な「原理」を提示した。ホッブズの原理は「万人の万人に対する戦争」（これを私は「普遍戦争原理」と呼ぶ）。ルソーの原理は「社会契約」と「一般意志」である。

二人の原理には共通の特質がある。両方ともきわめて簡明な原理であること。しかも、立ち止まって考えるほどに、よく追いつめられていてそれを否定できない優れた社会原理であることだ。

ホッブズの原理は、人間（共同体）は動物とちがってつねに死の不安に脅かされており、そのため特別の仕組みがないかぎり、「相互不安」によってどこまでも戦争を続ける、というものだ。そしてこのホッブズの原理は、同時に戦争の抑止の原理をも示している。

人間どうしの普遍戦争を抑止するには、つぎの三つのことが不可欠の条件となる。①強力な権威と実力（つまり統治権力）、②強力なルール（法）、③ルールの侵害に対する整備されたペナルティ・システム（司法と警察）。要するに、国家統治である。ちなみにホッブズは、この原理が明らかになった以上、臣民が強力な王に権力を委譲し、代わりに王は臣民の生命、財産を保全するという信約を結ぶことで戦争は抑制される、と提案した。

ホッブズのこの原理には批判もある。ジョン・ロック（一六三二—一七〇四）や初期のルソーは、人間の原始的な自然状態では広汎な戦争はなかったという。歴史を通覧すると、たしかに農耕や定住以前の共同体では食糧備蓄が存在しないために、まだ共同体間の戦争はない。しかし農耕定住以後人類は戦争をはじめる。

その結果、どの文明でも必ず一定の戦乱時代（覇権戦争時代）があり、その後、強力な統治権力や法のシステムを完備して集中支配を行なう「大帝国」が現われている（エジプト、ペルシャ、インド、イスラム、ローマなど）。ホッブズは世界史を参照してこの説を立てたわけではない。しかし、最近の歴史実証は、とくにこのホッブズの原理を、動かしがたい仕方で実証している。＊つぎにルソーである。ルソーは『告白』に如実に示されるように近代の「自由」の申し子のよ

＊　**ホッブズ説の傍証**　ハラリ『サピエンス全史』、ピンカー『暴力の人類史』など。たとえばピンカーは書いている。《争いの第二の要因は、不信だ。これはホッブズの時代には、「臆病」や「恥ずかしさ」というより、「恐れ」を意味する語だった。これは第一の要因〔引用者注：競争〕の結果である。〔略〕政治学者のトーマス・シェリングは、銃を持った強盗と銃を持った住人とのたとえ話を使って、両者が互いに自分が撃たれる前に相手を撃とうとすることを説明している。このパラドクスはときに「ホッブズの罠」と呼ばれ、国際関係論の分野では安全保障のジレンマとも呼ばれる。》（『暴力の人類史（上）』85頁）

うな人物で、はじめは、ホッブズの、統治権力とルールによってしか戦争は抑止できないという考えに批判的だった（『人間不平等起源論』）。しかし『社会契約論』では、統治なしに戦争は避けがたいという説を受け入れる。そして冒頭のよく知られた部分でこういう。人間はもと自由に生まれたはずなのに、万人が支配の鎖につながれている。《この変化を何が正当化するのか、といえば、この問題なら解くことができると思う。》（232頁 井上幸治訳）

ルソーの意はこうだ。なるほど、人間社会は統治権力なしには戦いを抑止できない。しかしこれまでこの解決策は、例外なく、人間を少数の支配者と大多数の被支配者に分ける巨大な絶対支配に行きついた。そうではなく、誰もがそれを正当なものと認めうる（是認できる）統治のあり方はないだろうか。自分はその原理をもっていると思う、というのである。

ルソーの「社会原理」、つまり戦争を抑止しかつ各人が自由であるための社会原理は、「社会契約」と「一般意志」の概念で示される。大きくいえばこうなる。

まず各人が自分の自由を自覚すること（当時の観念では、人間は神の被造物と見なされていたため、自由の自覚は限定的だった）。つぎに各人が互いに他者の自由と尊厳を認めあい、その上で、対等の権限で社会を営むという契約を結ぶ。これが「社会契約」である（後にヘーゲルは、これを自由の「相互承認」の概念で示す）。ここから現われる原則は次のようなものだ。

統治権力は、特定の人間の利害（特殊意志）に配慮するのではなく、必ず全員の利害（一般意志）に配慮する、という原則で統治せねばならない。そして統治権力は「一般意志」だけを代表すべきである。この原則こそが近代社会における統治権力の「正当性」の根拠となる。

ルソーのこの「一般意志」の原理に対しても、ラッセルをはじめさまざまな批判者がいる。しかし彼らの批判を読むと、ルソーの「原理」の誤読から来ていることが分かる。だがその詳細は後に回そう。

民主主義社会の根本原理

さて、このホッブズとルソーの社会原理はよく記憶しておく必要がある。なぜならこれらは、歴史上、万人の「自由」を可能とするはじめての社会システム、すなわち「近代市民社会」の根本原理だからだ。

ホッブズの原理は、人間社会は戦争を抑止するために強力な統治権力を必要としたことをはじめて明らかにし、ルソーは、この統治が万人にとっての「正当性」をもつには、一般意志（成員全員の意志）を代表する統治以外にはないことを、やはりはじめて明示したのだ。

つけ加えれば、ホッブズ、スピノザ、ロック、ヒューム、ルソー、カント、ヘーゲルなどすべての近代哲学者にとって、「自由」な社会の創出は最大の関心事であり、近代市民社会は彼らの哲学的思考のリレーによって構想されたといえる。その中でもとくにホッブズ、ルソー、ヘーゲルは、その中核となる原理をおいた哲学者だった。この構想の核心は、第一に、自由の普遍的解放（万人に自由の権利を確保すること）であり、第二に、ここからの帰結として、価値の多様性の解放（各人に自分自身の「幸福」と「善」の追求を認めること）である。

こうして、ホッブズとルソーの社会原理は、現在の「民主主義」の社会の根本的な基礎となった。もう一度いうと、この二人についてさまざまな批判があるが、ほとんどの場合、近代社会が生み出した現実の矛盾に対する批判と、「原理」への批判とが混同されているのである。すなわち、万人の自由の確保の原理として二人の原理以上に普遍的といえる原理は、まだ一つも現われていないのだ。

ホッブズ、ルソー、ヘーゲルに代表される近代の社会哲学のこの達成は、それが「近代社会」の根本設計図となったという事実以上に、西洋哲学史の中で重要な意味をもっている。

彼らの社会哲学の達成は、認識問題とは離れた場面で成しとげられたのだが、ここでは、万人の自由の解放という主題をめぐって、哲学のテーブルの上での本質的な哲学的思考の展開が生じていた。後にわれわれは、その意義の重要性について、社会の普遍認識の可能性という問題をめぐってもういちど確認することになるだろう。

では、本題の認識論に戻ろう。見てきたように、近代哲学はキリスト教の世界観を否定して、完全に新しい「世界説明」を打ち立てるべく出発した。しかしただちに、「主観―客観の一致」の不可能性という難問にぶつかる。近代哲学者たちはこれにどう立ち向かっただろうか。

二　カントとヘーゲル

カントのユニークな認識論

まず認識論上の象徴的な対立が現われる。大陸合理論対イギリス経験論、あるいはスピノザ対ヒュームの対立である。

スピノザ（一六三二―七七）はいう。理性の能力を適切に使用すれば世界を正しく認識することは不可能ではないと。この考えから書かれたのが『エチカ』である。世界は、それ自身「一」にして、無限、永遠、完全なる「神」である。この「汎神論」説を、スピノザは公理→定理→証明といった数学的推論の形式によって論証しようとした（だから誰もが合意できるはず、と）。これが大陸合理論と呼ばれるのは、理性の合理的推論によって世界は正しく認識できるという主張だからだ。

だが、すぐにイギリスのロックやヒューム（一七一一―七六）がこれに反対して、経験論哲学を唱える。ヒュームはいう。人間は生活のさまざまな経験からこれを総合して「世界像」を作り上げる。論より証拠、ヨーロッパでは誰もがキリスト教の世界像を信じているが、世界にはイスラム教も、東洋の違う宗教もあり、つまり全く異なった世界像が存在する。われわれはそれぞれの文化的習慣によって世界像を作り上げているのであって、どれが正しいかを検証する方法は原理的に存在しない。ヒュームによるこの「正しい世界認識の不可能性」の理論は強い説得力をもち、普遍認識の可能性を求める哲学者たちに衝撃を与えた。

そこに登場するのがカント（一七二四—一八〇四）である。カントのアイデアは独創的で、そのキーワードは「物自体」。カントは、ヒューム説に強く動かされたが、しかし普遍認識の可能性を諦めず、独自の認識論を打ち立てる。

この問題を解決するには、まずわれわれの認識装置がどうなっているかを正しく把握すべきだというのが、カントの根本のアイデアである。そして彼は、人間の認識が感性—悟性—理性という基本の枠組みからなることを示す。感性は、感覚印象の受容の能力。悟性はそれをまとめ上げて概念的な判断を作り出す。理性は主として推論の能力で、経験を超えた世界のありようを推論によって認識する。

するとつぎのことが分かる。人間はあくまで人間の認識装置を通してしか世界を認識できず、それゆえ世界について完全な認識をもつことはできない（神だけがそれをもつ）。だから「世界それ自体」（＝物自体）は、われわれの認識能力を超えている、と。つまりカントはいったんヒューム説を認める。しかしそこからさらにつぎのように主張するのだ。

第一。人間の認識装置はたしかに不完全だが、しかし誰も同じ認識装置をもっているから、たとえば一つのリンゴはみな「同じリンゴ」として見えているはずだ。だから経験としてのリンゴの認識には客観性がある（この考えで、カントは自然科学の認識の「客観性」を保証する）。

第二。世界それ自体（＝物自体）の客観的認識は不可能である。しかし人間精神の内的な「自由の世界」は人間が現に経験している世界だから、内省によって普遍的な法則を取りだすことが可能である。

この第二の考えから、カントの人間の「自由＝道徳」の法則についての哲学、「道徳哲学」が導かれる。

カントのアイデアはきわめてユニークだ。われわれは自然世界を経験しているのでそこから自然法則を取り出せる。同じくわれわれは、精神（自由）の世界を生きている。それゆえ、自由の世界の、つまり道徳世界の法則を取り出すことができる（カントでは、「自由」は道徳的な行ないをなす自由を意味する）。こうしてよく知られた「定言命法」が導かれる。

《君の意志の格律が、いつでも同時に普遍的立法の原理として妥当するように行為せよ。》

（『実践理性批判』72頁 波多野精一ほか訳）

パラフレーズすると、君の主観的な行為のルールが普遍的な善悪のルールに合致するように行為すれば、君の行為はつねに道徳的だといえる、となる。では普遍的な善悪のルールとは何か。カントの意を汲んで言えば、ある行為が必ず誰かに善（益）をなし、同時に誰にも悪（害）とならないような行為、これが普遍的な道徳のルールである、と考えればよい。

これは、一見、ほとんど同義反復のようにも聞こえ、分かりにくい。しかしこの「善の法則」の意味するところはきわめて大きい。なぜなら、カントはじめて、善の根拠を「聖なるもの」の観念からも共同体の伝統的な善のルールからも切り離し、ただ理性のみに依拠して、人間どうしの一般的な関係から取り出したといえるからである。

こうしてカントは、スピノザの世界認識可能説と、ヒュームの経験的な認識しかありえないという説とを、いわば調停し、統合する。このことで、一方で（神学的な）「形而上学」の不可能性を宣言し、その代わりに「道徳哲学」という新しい哲学の地平を拓いたのだ。

ヘーゲルの二つの功績

つぎのビッグネームはヘーゲル（一七七〇―一八三一）である。ヘーゲルは近代最大の哲学者といえとくに人間の「自由」の本質についての彼の洞察は、きわめて卓越したものだ。ただ、マルクス主義、ポストモダン思想、現代言語（分析）哲学が総じて反哲学の立場に立つため、ヘーゲルは近代哲学の代表者として批判の的となり、いまも大きな誤解を受けたままである。

ともあれ、いったん認識論を離れて、近代最大の哲学者としてのヘーゲルの中心的業績を紹介しよう。

第一に、近代哲学は近代社会の根本の設計図を打ち立てたのだが（ホッブズ、ロック、ルソー、カントなど）、ヘーゲル哲学はいわばこれら近代の社会原理の集大成といえる。近代国家（近代市民国家）の根本をなすのはその「法」と「権利」のありようだが、ヘーゲルによれば、「法－権利」の本質は、「自由」（の相互承認）によってのみ根拠づけられる。

《法の地盤は総じて精神的なものであって、それのもっとも精確な場所と開始点は意志である。これは自由な意志である。したがって自由が法の実体と規定をなす。》（『法の哲学』189頁 藤野渉ほか訳）

《人格性は、抽象的な、それゆえに形式的な権利ないし法の、概念およびそれみずから抽象的な基礎をなしている。それゆえ権利ないし法の命令はこうである——一個の人格であれ、そして他のひとびとをもろもろの人格として尊敬せよ。》（同前232頁）

少し分かりにくいが、その意はこうだ。われわれは、法律は統治者たちが勝手に決めているものという感覚をもっているかもしれないが、それは現状の話であって、まず法のあるべき本質を考えねばならない。

すなわち、法・権利・正しさ（ドイツ語では、Rechtでこれらすべてを表現する）とは、どんな超越的な権威や権力にもとづくものではなく、各人の「自由な意志」にもとづくべきものである。「自由な意志」とは、他者を「自由な人格」として互いに尊重し、認めあう意志のことであり、すなわち「自由の相互承認」の意志といえる。この相互承認の意志が社会的制度となったものが「法」でなければならない。そうヘーゲルはいう。

このヘーゲルの「相互承認」と「法」の考え方は、後に論じる、普遍的な社会理論の可能性のところで大きな意味をもつので、記憶にとめておいてほしい。

ヘーゲルの第二の功績は、人間本質論である。

すべての近代哲学者は、近代になってはじめて自覚された「自由」という観念を軸として、人間の根本的な本質とは何かについて考えた。とくに「自由」の観念は、彼らにとって単なる獲得されるべき権利以上のものだった。

第一にそれはそれまで封印されていた人間の真の本質が開花する可能性を意味していた。そしてヘーゲルは、この人間存在の本質としての「自由」を最も徹底的に洞察した（後述）。この点でも、ヘーゲルは、その哲学の真髄がまだほとんど受けとられていない哲学者の一人である。

ヘーゲルの認識論はカントを乗り越えたか

だが、もとの主題に戻ってヘーゲルの認識論をみよう。

カントの認識論のキーワードは「物自体」だった。人間は、印象の受け入れである感性と、悟性、すなわち量、質、関係、様態といった概念的把握の枠組み（カテゴリー）をもちいて、経験可能な事物存在の「何であるか」を正しく判断できる。だが、世界の全体や神の存在といった、経験を超えたことがら（＝世界の本体*）については理性の推論の能力を用いるほかはない。しかし、理性の能力には絶対的な限界があり、人間が「世界の本体」（＝物自体）の正しい認識に達することは決してありえない。

こうして、認識可能なものと認識不可能なものを明確に区分した点に、カントの功績がある。ヘーゲルは（その後のフィヒテ、シェリングというドイツ観念論哲学者も）、カントの結論にどうしても納得できなかった。ヘーゲルから言えば、「世界の本体」が認識不可能であれば、自然の認識はともあれ、「真理」と呼ばれるもの、真善美といったものの本質もどこまでも不可知だということになる。ヘーゲルにとってそれは相対主義＝懐疑論に対する敗北を意味する。なんとか世界の普遍認識にアクセスする道はないだろうか。ヘーゲルはよく闘ったといえる。

認識論的には、ヘーゲルの最大の功績は、認識の捉え方に時間軸を導入したことだ。つまり、カントのスタティックな認識論をダイナミックなそれに変更したのだ。カントでは、感性―悟性―理性という認識の基本の枠組みがそれぞれの役割を果たして、対象の認識が可能となる。ヘー

＊ **本体（ヌーメノン）** スコラ哲学以来の用語で、生成変化する現象の背後にある、世界の絶対的な真実在のこと。「物自体」と等しい。

ゲルによれば、人間の認識能力は、カントのようにあらかじめ固定された（つまり先験的な）認識の枠組みによるのではなく、生の経験を通して時間的にたえずより高度なものへと進化してゆく。たとえばヘーゲルに「物とは概念の運動である」という独自の言い方がある。何のことかと思うかも知れないが、次のように考えればよく納得できる。

　乳児にとっては、リンゴは単なる赤くて丸いものだが、もう少したつとそれはおいしい果物として認識される。さらに、大人にとっては、一個のリンゴは、バラ科の植物であるとか、主な養分や産地、種類、値段などといった概念的内容をも告げるものとなる。それゆえ一個のリンゴの認識は、経験の中でさまざまな概念が豊かに蓄積されてゆく運動だといえる。これが、認識は「弁証法」的に展開してゆくというヘーゲルの「弁証法」の考えの内実である。

　認識に時間軸を導入して考えるというヘーゲルのアイデアは、きわめて独創的なもので、それまでの伝統的な認識論の水準を遥かに超えるものだった。しかし、世界の普遍認識の可能性という問題についていえば、ヘーゲルの世界認識論は、カントの根本のアイデアを超え出ているとはいえない。

　先にスピノザの、世界は「一」にして、無限、永遠、完全の神である、という汎神論を紹介した。ヘーゲルの世界観は、基本的にはこの汎神論に近い「有神論」の世界観である。

　スピノザとの違いは、世界を「絶対的なもの」（絶対者）と呼び、その内実を、自由な運動を本質とする精神的な実体、とみなす点だ。*つまり、スピノザの「世界は無限、永遠の一なる神」

を、「世界は自由な運動の本質としての絶対精神」と言い直したと考えればよい。

この「自由な絶対精神」が世界の「本体」だが、個々の人間はその「自由な精神」の本質を分有している。そして、人間の内なるこの自由な精神が、個人の経験と歴史の経験を通して人間の世界認識を深めてゆき、最後には世界の本質（本体）の認識に達しうるとされる。

ヘーゲルはこのアイデアで、カントの、「世界の本体」（＝物自体）の認識は原理的に不可能であるという見解を克服できると考えた。

しかし、ひとことで言って、こうしたヘーゲルの世界観は、ヨーロッパの、伝統的な「有神論」の世界像が崩壊するとともに無効なものとならざるをえない。

ヘーゲルは、あらゆる点でカント哲学を乗り越え、近代の人間と社会のきわめて優れた哲学原理を提示した近代最大の哲学者であり、その洞察の深さには驚くべきものがある。しかし認識論に関するかぎり、カントを含めた他のドイツ観念論哲学者たちと同じく、ヨーロッパ的な世界＝

＊ **ヘーゲルの「自由」**　ヘーゲルの「自由」という概念は平易ではないので解説する。たとえば人間は、幼児の頃は単に快・不快があるだけだが、徐々に自分と他者との関係を知り、その中で自己という存在を認識し（自己意識）、また社会的な関係を認識し、さらに進んで世界や宇宙の時間の総体をも認識しようとする。こうして人間の「精神」は、どこまでも自分と世界とをより深く、より普遍的に認識してゆこうとする本性をもっている。自己と世界をどこまでもより深く知ろうとするこの精神の運動性を、ヘーゲルは、精神の「自由」の本性と呼ぶ。人間の「自由な」行為というものも、すべて、この自己と世界のより深い認識を土台にしていることを考えると、きわめて優れた「自由」の本質の定義だといえる。

絶対神の世界像の引力圏から離脱することができなかったといえる。

近代哲学における認識問題との格闘は、ヘーゲルの死後、自然科学がさらに発達してヨーロッパの有神論的世界像が完全に終焉したとき、ニーチェの登場によってついに、新しい展開を見ることになるのである。

三　ニーチェによる「本体論の解体」

ここまで、認識問題が近代哲学の中心問題をなしてきたこと、カントやヘーゲルといった優れた哲学者が、認識の普遍性を確保するために格闘したが、しかしこれを十分に果たせなかったことを見てきた。さらに、認識問題は現代哲学にまで持ち込まれ、ここでは哲学が謎の解明に挫折してむしろ相対主義＝懐疑論に主流の座を明け渡していることにも触れてきた。

しかし、すでに示唆したように、普遍認識にかかわる認識問題は、ニーチェとフッサールという二人の哲学者によって解明されている。このことは現代哲学では完全に見過ごされていて一般に流通していないため、とまどう読者もいるに違いない。

だが、さいわいこの問題は、ゲーデルの不完全性定理や、アインシュタインの相対性原理とは違って、専門的な知識がなくとも一般読者に十分理解される問題である。私はここで問題の核心を明確にしつつ、ニーチェとフッサールがどのような根本的アイデアによってこの問題を解いたかを、できるかぎり簡明に読者に示してみたいと思う。

現代論理学の迷走

認識問題の解明は、二つの哲学的概念によって成就される。第一に、ニーチェ（一八四四―一九〇〇）による「本体論の解体」（これは私による総括でニーチェの用語ではない）。第二に、エトムント・フッサール（一八五九―一九三八）の「現象学的還元」。この二つの概念が十分に理解できれば、「認識の謎」がたしかに解明されることが誰にも分かるはずだ、といっておこう。

まず、根本の問題はゴルギアス・テーゼで示される二つの不可能性、つまり存在と認識との一致、そして認識と言語との一致の不可能性という点にあった。これを論駁できるか否かが問題なのだが、ここから出発しよう。

現代の言語哲学に通じている読者なら、フレーゲ、ラッセル、ウィトゲンシュタインからはじまり、ルドルフ・カルナップ、ウィラード・v・O・クワイン、アルフレッド・エイヤー、ジョン・オースティン、デイヴィッドソン、トマス・クーン、マイケル・ダメット、ヒラリー・パトナム、ジャック・デリダ、リチャード・ローティ、サール、クリプキといったおびただしい数の現代哲学者たちが、この問題について膨大な議論を重ねてきたことを知っているだろう。記述理論、言語ゲーム、家族的類似性、物理学主義、確証の全体論、指示の因果説、固定指示子、双子地球、水槽の脳などといった無数の概念や理論、そしてそれらについての果てしのない議論がそこで生み出されてきた。

だが、私はこう言おう。このもつれにもつれて膨れあがった言語をめぐる議論（「言語問題」と呼ぼう）を解明するには、これらの議論をすべて投げ捨てねばならないと。

そして問題の本質がきわめて簡明であること、つまり真に問題なのはたった一つのもつれ目であり、この核心的なもつれ目は原理的に解きほどけるものだということ、これらのことを誰にも理解できる仕方で示すことができると。

なぜ「言語の数学化」はうまくいかなかったのか

現代言語哲学は、フレーゲとラッセルの現代論理学の試みとこれをうけた論理実証主義からはじまるが、彼らの主たる動機は、かつてアリストテレスがソフィストの議論を克服しようとして論理学を創始したのと同じく、論理学を厳密化することで形而上学的哲学のあいまいさを克服しようとする点にあった。

この論理学の再建の試みの核心を、「言語の数学化」という概念で示すことができる。

フッサールによれば、近代の自然科学の根本方法は「自然の数学化」という言葉で要約される。さまざまな自然対象は、われわれにとって、大きかったり、硬かったり、重かったり、熱かったりという具合に、われわれの感覚に対応するさまざまな性質の集合として、記述される。しかし自然事物の「性質」は、どこまでも主観的かつ相対的である。

いかにしてこれを客観的なものとして記述するか。一つだけ方法がある。この事物の諸性質を数学化、数量化することだ。

たとえば一本の木は、大きさや形といった基本の性質だけでなく、重さ、硬さ、温度といった人間の感覚に相関する諸性質をすべて数量的に記述できる（これは簡単なプロセスではなかったが、自然科学はその課題をクリアした）。このことで一本の木は、誰にとっても「同一」の木として規定され、示される。世界のあらゆる事物をこうした仕方で数学的に記述すること、この方法によって自然科学は、自然を完全な客観的認識へともたらしたのである（この自然科学の認識が真に自然の客観的認識といえるかという問題については後に論じる）。

現代論理学は、ほぼこれと同じ発想に立っている。すなわちそれは、言語を数学化することで、言語がつねに誰にとっても同一の意味として表現されるようにする試み、にほかならない。そのことで意味（認識）と言語の「一致」が保証されるはずだからだ。

だが、じつのところ、この方法によってはゴルギアス・テーゼの難問は克服されない。現代言語哲学はこの「一致」を（あるいはその不可能性を）示すためにいまも決着のつかない議論を積み重ねているが、哲学的な原理としては、その理由を簡明に示すことができる。

まず、「自然の数学化」とは、自然事物の秩序、構造、因果性を、すべて一対一対応の（一義的な）記号で（すなわち数で）表現することだ。このことで、自然対象は、だれにとっても完全に一義的な（同一の）ものとして、表現される。自然科学においては、この方法によって存在―認識―表現（言語）の一致がなしとげられる。すなわち自然科学の領域に限っては、ゴルギアス・テーゼの難問は克服される。

つぎに、「言語の数学化」について。哲学にとって重要なのは「自然領域」ではなく、むしろ「ことがら＝事象」の領域、つまり人間や社会にかかわる問題領域である。そしてこれを「本質領域*」と呼ぶことができる。

たとえば、一本の木の重さ、比重、硬さ、温度、成分等々は、自然科学の方法で基礎単位を設定すれば、すべてを客観的に数学化できる。しかし、人間の本質とは何かとか、社会の本質をどう捉えるかといった問題については、これを厳密に数学化することはできない。ある人間の性格、気質、精神、思想信条、人生の目的などについては、さらにむずかしい。いわんや、人間どうしの関係、その意味、またその変容などを厳密に数学化することは不可能である。

さらに、われわれはそうした「ことがら」を、ふつう日常の言葉で表現しているが、ことがらや関係を表現する「日常の言葉」もまた数式化されえない。

つまり、自然領域では、「存在＝認識＝言語」という図式は一定の工夫で可能となるが、本質領域では、「存在≠認識≠言語」というゴルギアスの図式は反駁されえない。その原理的な理由を、できるだけ簡明に言ってみよう。

まず、自然領域では「存在」は固定されたものと仮定されているが、本質領域では「存在」に当たるのは、いわば意味－価値のたえず変化する「網の目」であって、これを一義的に示すことはできない。もう一つの等式、「認識＝言語」も同様である。もっとラフにいえば、存在も認識も言語も、本質的にあいまいでアナログ的であり、それゆえこれを完全なデジタル性に還元することは、原理的に不可能なのだ。

たとえば、「一」という言葉は数字としても使えるが、概念としても用いることができる。「一」は日常の言葉としては、使い方によって、全体、最初、片割れ、統一、個物性、などさまざまなことを意味しうる。つまり、あらゆる語は多義的な概念を含んでいる。それが「言語」という記号のもつ独自の性格である。

ところが、数字としての「1」は、質－量的一単位、順序的最初という意味に、完全に限定される。その「意味」がこのように純粋に規定されて用いられること、これが数としての「1」の

＊ **本質領域**　「本質領域」は、「自然領域」に対応させて私がおいた、「本質学」の全般的領域を指す用語。一般的には人文科学、社会科学の領域を指す。フッサールでは「領域的存在論」という語が使われ、自然、生命、精神（人間）というすべての領域について、（実証的に研究するのではなく）意味や価値の連関を探求するとされる。フッサールの言う「本質学」の領域。

本質である。この限定によって、ある物の重さ百キログラムは、つねに誰にとっても同一の重さとして示される。

こうして、論理学者が夢想した「同一命題＝同一意味」という等式は、それを厳密化すると言語の独自の本質を消し去ることになり、原理的に成立しない。この等式は、自然科学がそうしたように、ふつうの言葉を数学的（一義的）な記号としてもちいる場合にのみ可能となるのだ。

ここに、「本質領域」をすべて論理として厳密に表現しようとする論理学の試みが、本質的に不可能であることの理由がある。論理学の理想、つまりさまざまな「命題」をすべて数学化された記号表現へと変換する試みによっては（ウィトゲンシュタインの『論理哲学論考』がそれを象徴する）、決して「ことがら」の本質を表現することができない。厳密論理学は、自然科学やIT分野の領域でのみ有効なのである。

リンゴスキーマから物自体スキーマまで

さて、言語の数学化によって本質領域の普遍認識の可能性を求めようとした現代論理学の試みは挫折したが、じつはまったく新しい発想による認識論が、近代哲学の最後に現われたニーチェによってひらかれていた。私はその核心的考えを「本体論の解体」の概念で呼ぶ。

この完全に新しい認識論は、ニーチェの後期遺稿集のあちこちに散らばるようにして見出せるが、『権力への意志』の「認識としての力への意志」の章に集約的に編集されてまとめられており、深く理解するにはここを読む必要がある。

しかし私はこれをテクストにそって細かく論証することはやめて（これについては『欲望論』第十七―十八章を参照）、その核心をヨーロッパ認識論の大きな比較構図として、読者に示そうと思う。

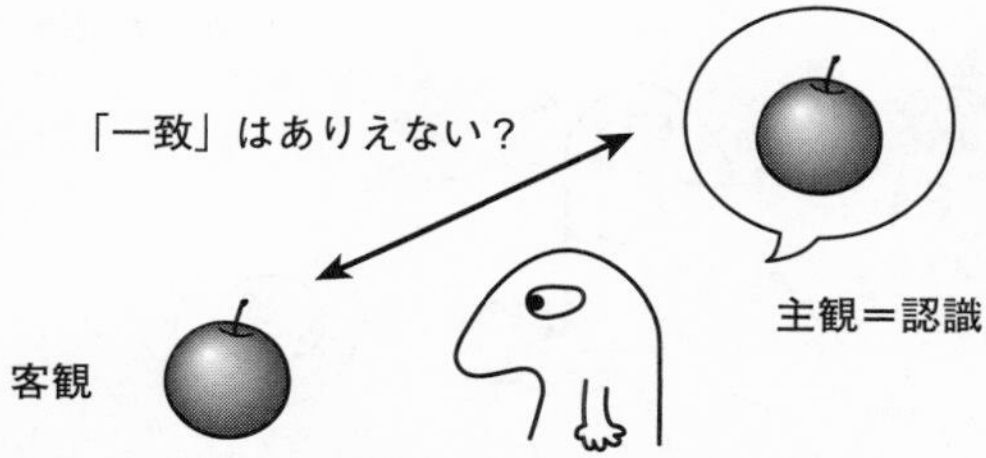

図2-1　主観―客観一致の図「リンゴスキーマ」

近代ヨーロッパの認識問題の全体像を次の「リンゴスキーマ」で示すことができる（図2―1）。

われわれの認識は主観の「風船」（図中の吹き出し）のうちに生じる。しかし人間が何億人存在しようと、誰も主観＝認識の風船から出ることができないので、何人《なんぴと》も自分の主観（認識）が客観と一致しているかどうかを確証できない。その結果がゴルギアス・テーゼになるのだ。

つまり、誰も存在と認識の一致を証明できない。それゆえすべての認識は主観的であることを超えられず、相対的なものであるほかない。

こうして「リンゴスキーマ」は、この一枚の図だけで、ヨーロッパ哲学の最大の難問を表現している。ここから近代哲学者たちの格闘がはじまるのだが、最初の試みはデカルト（一五九六―一六五〇）によっ

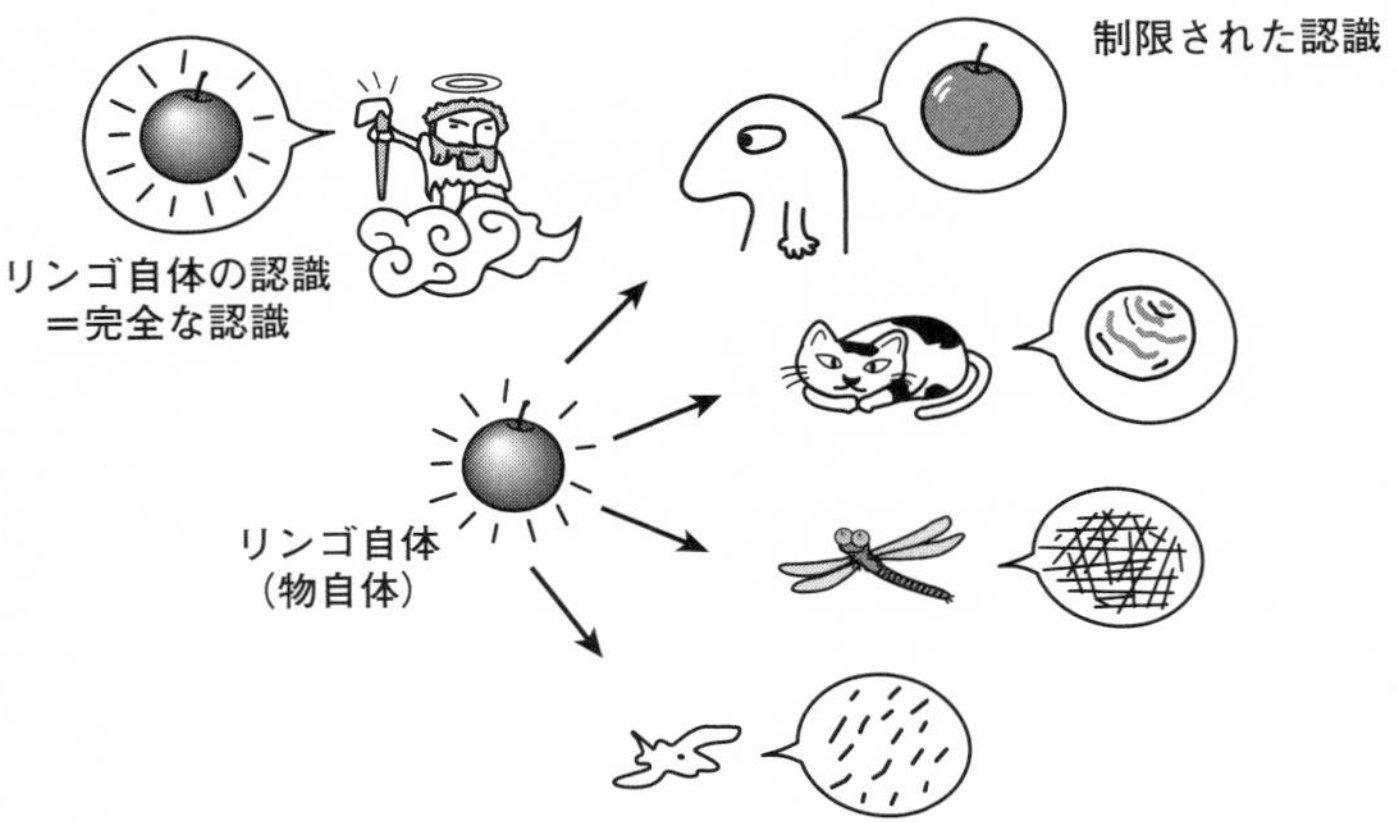

図 2–2　カントの「物自体」スキーマ

てなされる。

デカルトの戦略は以下である。神は善き存在であるからけっして人間を「欺《あざむ》くことはない」。それゆえわれわれは、人間の認識装置を信じてよい（『省察』）。しかし神の存在への疑義が深まるにつれ、デカルトのこの戦略は無効となる。つぎに登場するのがカントである。

カントの認識論の基軸をなすのは、どんな生き物も自分の認識装置を通してのみ対象を認識する、という考えだ。これを図示したのが図２－２である。

人間は「赤くて丸くておいしそうなリンゴ」を認識（経験）する。猫は赤い色を見分けられずリンゴを食べないので、この対象は、「じゃれると転がるだけの暗緑色のまるい物体」。トンボには、リンゴが転がっているときだけ「円形のシェイプ」が感知される。最後にアメーバにとっては、リンゴはもはや赤くも丸くもない。

図2-3　ニーチェの「力相関性」　この構図では、人間、猫、トンボ、アメーバ、魚、異星人……といった無数の生き物のリンクが対象を取り囲んでおり、それぞれが自分の身体（欲望）のありように応じて、自分なりに対象の存在仕方を「認識」している。完全な認識がないので「物自体」は存在せず、ニーチェは「カオス」という言葉をおいている

さて、カントはいう。全知の存在があれば完全な世界認識をもつだろうが、人間（と動物）にとって「世界それ自体」、「物自体」の認識は不可能である。こうして、世界それ自体の認識については、カントはゴルギアスのいう不可能性を認めることになる。ヘーゲルもこの問題と格闘したことは先に述べたが、話が複雑になりすぎるのでここではスキップして、いよいよニーチェに移ろう。

「力相関性」スキーマへ

ニーチェの認識構図は、カントのスキーマから全知の「神」を抹消することで成立する（図2－3）。

全知なる神は存在しないと考えよう。するとどうなるか。「完全な認識」という概念が無効になる。そして、それぞれの生き物はそれぞれの「生の力」（欲望・身体のありよう）に応じて（相関的に）最、も適切な世界認識をもつ。

この構図は、「存在論」（あらゆるものが「存在する」とはどういうことかを探求する分野）という観点からも、まさしく破壊的な意味をもつ。なぜなら、この構図が示すのは、真に存在するのは、個々の生き物にとっての「生の世界」だけだ、ということだからだ。そしてまた、われわれが「客観的に存在する世界」と見なしていたものは、各人が「生の世界」を言葉で交換しあうことから成立する、「想定された世界」にすぎないことになる。

これをニーチェは、「存在」としての世界（＝客観世界）は存在せず、「生成」としての世界（＝生き物の生の世界に現れ出、形を成してくる世界）だけがある、という。つまり「客観存在」としての世界は「捏造されたもの」にすぎない、というのだ。

《私たちは、「真の」世界は転変し生成する世界ではなく、存在する世界であるということをでっちあげてしまったのである》（『権力への意志（下）』45頁 原佑訳）

この破壊的転換によって、世界の完全な認識（全知）という概念はなくなり、それゆえ「物自体」の概念も消去される。伝統的な「真理」という概念も、世界の「正しい認識」に到達する可能性、といった考えも、完全に消去される。そもそも認識とは、個々の生き物のうちでその欲望－身体（＝力）と相関的に生成される、ひとつの「世界分節」にほかならない。これがニーチェの「力相関性」スキーマからの結論である。

「力相関性」スキーマはそう分かりやすくはないので、その哲学的な意義を箇条書きにしてみよう。

(1) 力相関性スキーマでは、真に現実存在（=実際にその実在性を確かめうる存在）するのは、動物の「生世界」（図中の「風船」の中）だけである。つまり、根源的な意味での存在とは「生きられている世界」だけであり、いわゆる「客観世界」なるものは、何ものにも生きられることがないという意味でどこにも存在せず、それゆえ、共同的に想定された世界にすぎない。

このことは、ニーチェの認識論的「転回」が、ポストモダン思想で受けとられている相対主義的転回ではなく、これまでの「存在」概念を根本から顚倒《てんとう》する「存在論的転回」だということを意味する。

(2) 力相関性スキーマは、一方に客観世界（本体）があり他方にこれに向き合う主観がある、という「主観―客観」の認識構図を、完全に顚倒する。認識の本質とは、認識装置による客観の写像ではなく、生き物の力（欲望‐身体）による「世界分節」である（この概念については後述）。

(3) このことで、世界それ自体（=本体）の存在とそれについての人間の認識、という伝統的な「本体論」構図が完全に解体される。つまり、ゴルギアス・テーゼの基本図式のほうが誤

図 2-4　あるダニの世界分節　ユクスキュルによれば、このダニにとって世界は、必要な感覚のみによって分節されたものである。世界を自分の身体（にとっての必要性）に相関して分節している例だが、この事情はほかのあらゆる生き物にとっても同じである

ったものとして廃棄されるのだ。さらに、意味や価値の本体性の観念も解体される。つまり、「世界それ自体」「事物それ自体」「意味それ自体」「価値それ自体」といった観念がすべて解体される。「世界」「事物」「意味」「価値」は、すべて、力相関的概念、すなわち欲望‐身体相関的な概念と見なされる。

ニーチェの「力相関性」の概念の射程は認識論的にも存在論的にもきわめて広く、ここですべてを論じることはできない。しかしここから出てくる「世界分節」という考え（ニーチェの力相関的認識構図を私が総括して名づけたもの）は、もう少し解説しておこう。

たとえば、「ニワニワニワニワトリガイル」という音の連なりは、聞き手が、ニワ・ニワ・ニワ・ニワトリ・ガ・イル、と、区切ることではじめて、「庭には二羽ニワトリがいる」という意味をもった言葉として聴き取れる。この区切ることが「分節する」ことである。はじめてこの音の連なりを聞いた外国人は、適切な分節ができないので辞書を引くこともむずかしい。

つぎに生物学者のユクスキュル（一八六四―一九四四）の研究がある。ある種のダニは、成長すると木に登って適当な枝にしがみつき、下を哺乳動物が通りかかるのを何年でも待っている。うまく何かが通ると酪酸《らくさん》の匂いを感じてその背中に落下する。そして触覚を頼りに皮膚まで潜り込み、血を吸って卵を産む、というサイクルを繰り返す。

このサイクルにおいてダニは、嗅覚、触覚、温覚、という三つの感覚しかもたないが、いわばそれがダニにとって最適の認識装置である。

この場合、ダニの「世界」は、この三つの感覚によって分節された世界だということが分かるだろう。つまり、ダニの認識は、世界のありようを客観的に写しとったものではなく、世界を自分の身体に相関して「分節」しているのである（図2-4）。

そしてこの事情は、あらゆる生き物にとって同じであることも分かるはずだ。ニーチェの認識スキーマは、こう考えてはじめてよく理解できるものとなる。

相対主義的認識論の解体

ニーチェの力相関性スキーマは、これまでの認識論構図を根底から顛倒するが、とくに注意すべきは、それは、「相対主義的認識論」の徹底的な解体をも意味するということだ。

ニーチェ思想は、ポストモダン思想、とくにミシェル・フーコーやジル・ドゥルーズによって相対主義的認識論の大きな後ろ盾とされてきた。しかしこれは、彼らがニーチェの「力相関性」の構図をまったく理解しなかったことからきている。

一切の認識はそれぞれの生き物の「力の遠近法」的観点から成立する、というニーチェの構図は、それが生世界の生成論（生き物にとっての世界がどのように現出するのかについての理論）であることが見逃されると、容易に相対主義的観点として受けとられる。相対主義は、暗黙のうちに「本体」を想定した上で、それはさまざまな観点（遠近法）から見られるだけで、完全な観点というものはどこにも存在しない、という見方をとるからだ。

ニーチェは自己の認識－存在論の意味をはっきり自覚しており、相対主義＝懐疑論をつねに否定している。

> 《これら現代の否定者や離反者たち、知的清廉を要求するという一事に無二無三なこれらの人たち、われわれの時代の名誉となるこれらの厳酷な、峻厳な、抑制的な、英雄的な精神の者たち、すべてこれらの蒼ざめた無神論者、反キリスト者、インモラリスト、ニヒリストたち、これらの懐疑家や精神の結核患者たち、〔略〕彼ら、この〈自由な、いとも自由な精神〉たちは、自分らが本当に禁欲主義的理想から離れられるだけ遠く離れているものと信じている。だが、〔略〕この禁欲主義的理想こそがまさに彼らの理想なのでもあり〔略〕、それ

のもっとも危険な微妙な捉えがたい誘惑の形態でもあるのだ。》（『道徳の系譜』565―566頁 信太正三訳）

ニーチェは事態を正確に見抜いている。反キリスト者、ニヒリスト、懐疑家とは何者か。彼らは、まず絶対的な「本体」（神や真理）を信じたのち、それに到達することに挫折し絶望した者たちのことだ。ニーチェによれば、この挫折と絶望はまさしく「真理への意志」の産物、あるいはその反動として現われたものなのである。

こうして、ニーチェの「力相関性」スキーマは、これまでのヨーロッパ認識論の根本構図を完全に顚倒する。そのことで、ニーチェの「本体論の解体」は、一方で「形而上学」独断論的実在論*を完全に破砕し、同時に、長くこれに対抗してきた「相対主義＝懐疑論」の基盤をも根こそぎにする。そしてすぐ見るように、ニーチェの「本体論の解体」が、ヨーロッパ哲学における「認識の謎」の完全な解明の扉をはじめて押し開くのである。

＊ **実在論** 「実在論」と「観念論」は、一元論対多元論、感覚論対超感覚論などと並ぶ、哲学における代表的な理論対立の一つ。近代哲学では、認識問題の探求の方法として「観念論」が主流となったが、実在論はこれに反対する立場。世界の実在を確証するには「観念」から出発せよ、というのが観念論。一方、世界の実在は疑うことができないので、世界の実在から始めよ、というのが実在論。

四　フッサールによる認識問題の解明

誤読されたフッサール

フッサールによる「認識の謎」の解明もまた、ニーチェの「本体論の解体」とともに、現代哲学では理解されないまま隠されている。なぜこういう不幸な事態になったかは後に詳しく述べるが、象徴的事例が二つある。まず、ポストモダン思想の旗手ジャック・デリダ（一九三〇―二〇〇四）がフッサール現象学を「形而上学への野望」と呼び（『声と現象』）、これが「脱構築」思想の流行の発端になったこと。もう一つは、現代分析哲学の中心人物リチャード・ローティ（一九三一―二〇〇七）の現象学理解が拡がったことである。

《フッサールの分析の厳密さと緻密さ、そしてその分析が応じている要請、つまりわれわれがまず第一に聞き入れなければならない要請は、それにもかかわらず、ある種の形而上学的な前提を隠しているのではないか。それは独断論的あるいは思弁的な癒着を内に秘めているのではないか。》（デリダ『声と現象』9―10頁 林好雄訳）

《必当然的真理が語れるような何ものかを見いだす必要にせまられて、ラッセルは「論理形式」を発見し、フッサールは「本質」、すなわち世界の非形式的な側面が「括弧に入れ」られてもなお残存する「純粋に形式的」な側面を発見した。これらの特権的表象の発見によって、再び真面目さと純粋さと厳密さを求める努力が始まった。この努力は、これ以後四〇年近くも続いたのである。》(ローティ『哲学と自然の鏡』183頁 野家啓一監訳)

ラッセルは現代論理主義を代表する哲学者だから、ローティにとってフッサール現象学は、ラッセルと並んで「厳密な客観認識」を求める哲学と見なされている。すぐ分かるようにこれもひどく顚倒した理解というほかはない。つまりフッサール現象学は、ポストモダン思想と分析哲学(言語哲学)という、現代哲学の二つの陣営を代表する人物から、形而上学、基礎づけ主義(客観主義)であるという批判を受け、そのためこれが一般的通説となっている。

さらに、現象学の陣営はどうかといえば、フッサール現象学が認識問題の解明という根本動機をもつ、ということを明瞭に理解している現象学者が、驚くべきことにきわめて少ない。現象学の根本の動機が理解されておらず、そのため、たえず「ノエシス」「ノエマ」「構成」といった基礎術語についての解釈論争が長く続いている。

フッサールのテクストはその難解さでヘーゲルと並ぶ双璧である。だからほとんどの人はフッサールのテクストを読まず、現象学者あるいは批判者の現象学解説を読んで理解したつもりになるため、現象学の適切な理解はほとんど拡がらないという悪循環に陥っているのだ。フッサールが認識問題の解明を目的としたのは、そのことを通じて人文領域*での普遍的認識の探求へと進むためであり、それがフッサール現象学の根本構想であった。

現象学的還元とは何か

『現象学の理念』でフッサールは、「認識問題の解明」という現象学の根本動機について詳しく語っている。（竹田『超解読！　はじめてのフッサール『現象学の理念』』で詳しく解説している）。

認識問題は長くヨーロッパ哲学の中心問題をなしてきたが、この問題が解明されないでいるために、人文領域（本質領域）における諸説の対立が生じ、そこから学問の普遍性に対する懐疑が拡がり、それを原因として学問世界に懐疑主義がはびこるという結果を生んでいる。

しかし、人文領域の学問自身は普遍認識の可能性を根拠づけることができない。なぜなら、人文科学が取り入れた自然科学の方法は、「主観─客観」の一致の構図を暗黙の前提としているからである。自分はこの問題を解く方法（原理）を手にしている。その核心は、主観と客観の一致はたしかに不可能だが、にもかかわらず普遍認識は可能でありその根拠を示すことができる、という点にある……。

フッサールは次のようにいう。「知覚がどのようにして超越者に的中しうるか」は理解されえないが、「知覚がどのようにして内在者に的中しうるか」は理解される（『現象学の理念』74─75頁立松弘孝訳)。つまり、「主観―客観」の一致は誰にも証明されないが「内在と超越」の的中の可能性ならばこれを示すことができる、と。だが、この言い方も分かりやすくはないので解説しよう。

まずフッサールは「主観―客観」の構図自体を認めないので、「主観と客観の一致(的中)」という考えが否定される。その代わりに、「内在と超越」の一致を示唆するのだが、これは言い換えると、われわれが知覚した「客観的対象」と見なしているもの(=超越)は、じつは「内在」のうちでの「確信の成立」のことである、ということになる。

これをさらに理解するために、フッサールの認識問題の解明を、ふたたびスキーマ(構図)の形で示そう。

まず第一のスキーマは、図2-5の①「自然的態度」である。これはわれわれのふつうの「自然的な」ものの見方、すなわち、「原因」として客観的に存在するリンゴがあり、その「結果」として私に「赤くて丸くてつやつやしたリンゴ」が見えている、という構図である。しかしフッサールは、認識問題を解くためには「現象学的還元」という方法が必要だという。

すなわち、①の自然的態度をいったん停止し(=エポケーし)、この見方を変更(視線変更)して、ここでの「原因」と「結果」を逆に考える。これが②の現象学的態度である。

＊ **人文領域**　前出の「本質領域」とほぼ同義。人文領域はフッサールの用語で、人間や社会にかかわる領域およびそれにまつわる諸学問の総称。哲学、文学、政治学、社会学などを含む。本書では文脈によって「本質領域」の語も使う。

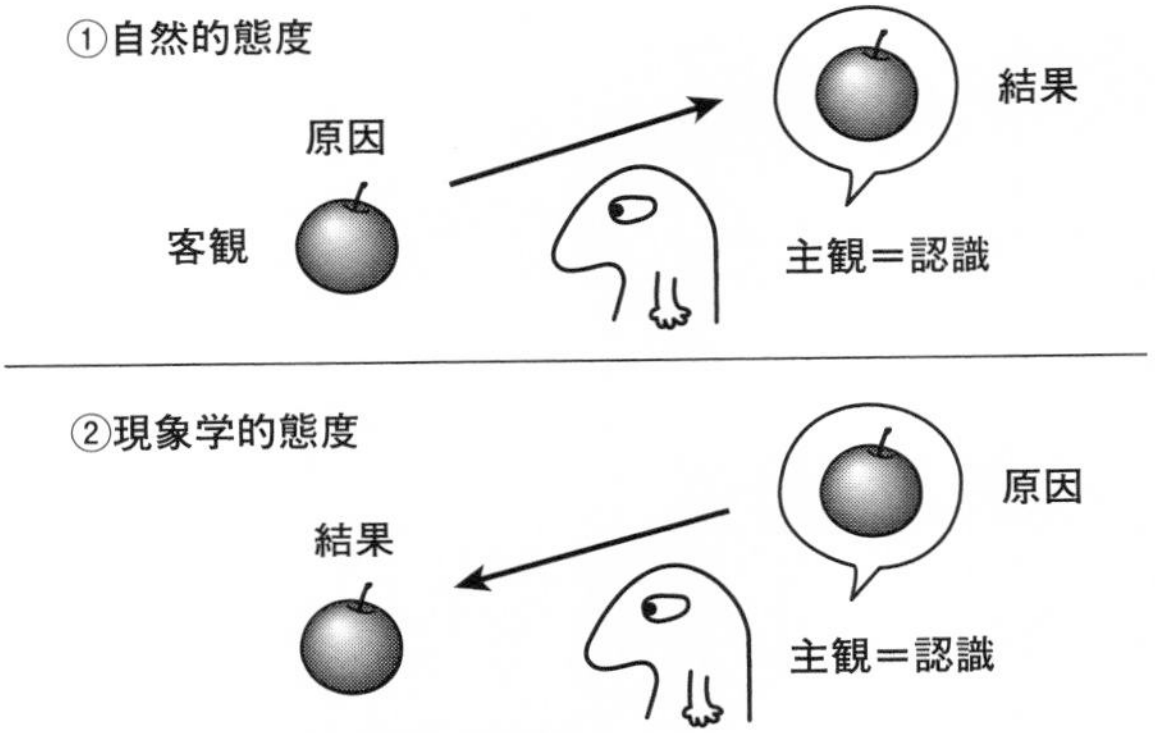

図 2-5　自然的態度と現象学的態度

つまり、いま私に「赤くて丸くてつやつやしたリンゴ」の像が見えており、その結果、私は目の前に「一つのリンゴ」が存在するという「確信」をもつ、と考える。

まず注意すべきは、①の自然的態度と②の現象学的態度は、「どちらの見方が正しい」というものではなく、どちらの見方も可能であるということだ。つまり、認識の構造を考えるために、あえて②の見方をとる、方法的な視線の変更を行なうのである。

さて、するとどうなるか。この態度変更によって、はじめの「主観」対「客観」という構図は、両方の契機がともに「現象学的主観」の中に括り入れられ、その中で、「知覚」という経験からリンゴという「客観対象」の存在確信が構成される、という構図に変更されるのだ。それが現象学的還元（現象学的主観）の構図（図2-6）である。

もういちどいえば、ここでは、「いま私に赤くてつやつやしたリンゴの像が見えているので」（原因）、「私は目の前に一つのリンゴがあるという確信をもつ」という「結果」が生じている、という説明が可能になる。

重要なのはつぎの点だ。この現象学的還元という視線変更によって、外側に存在する「客観なるもの」が消去されるが、そのことで、認識問題において、外的「客観」と内的「主観」の一致を確かめる必要がなくなる。その代わりに、現象学的主観の中で、内的な知覚像からどのように「客観」の確信（これが「超越」）が構成されるかを、確かめることが可能になる。

これがフッサールのいう、「知覚（主観）と超越者（客観）の一致」は確かめられないが、「知覚（内的な知覚像）から内在者（確信）がどう構成されるかは確かめられる」という言い方の意味である。

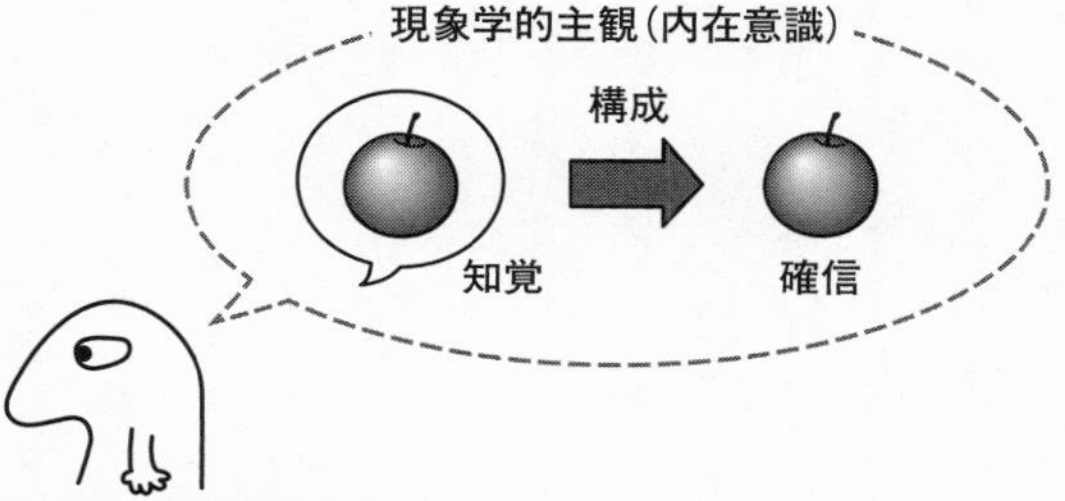

図 2-6　現象学的還元

こうして、「現象学的還元」という概念の内実を以下に要約できる。認識問題の解明のために、あえて（＝方法的に）一切の認識を、主観のうちで構成される「確信」とみなす。このことで「主観―客観」の構図は消え去り、すべての認識を、「主観のうちでの内在と超越の関係」として考えることができる。主観―客観の「一致」は誰にも確かめられないが、「内在と超越（確信）」の関係の構造は、誰にも必ず内省によって確かめられるものとなる、と。

さて、フッサールによれば、この現象学的還元という独自の方法だけが、「認識の謎」を解明する。なぜこの、原因と結果を逆転する視線の変更が必要となるのか。

認識の対象が「リンゴ」のような事物なら、こんな回りくどい考えは不要であるどころか、非合理でもある。しかし哲学の中心主題は、人間や社会の問題であり、大きなスケールの世界像の問題である。そこでは、この視線の根本的変更が不可欠である。

たとえば人がキリスト教的世界像をもつ理由は、生まれたときから両親に神様がいると言われ、いつも教会に行って牧師の説教を聞き、周りの人々からも神について聞かされ、という「経験」にある。ここでは明らかに、「主観」(=経験)が原因であり、世界像はその結果である。

認識の問題は、普遍認識の可能性の問題、つまりなぜさまざまな世界像が生じて意見が対立するのかという問題をその核心に含んでいる。われわれの「経験の世界」(主観)から多様な「世界像」(確信)が構成されるのであって、その反対ではない。なぜさまざまな異なった「世界」の確信が現われるのかを確かめるには、「経験の領域」から世界確信がいかにして構成されるかという順序で考えるほかはない。理論や世界像の認識が問題である場面では、素朴な自然的態度(前掲図2−5の①)は独断と予断の態度であって、この構図で考えるのは不合理なのである。

繰り返せば、現象学的還元という方法の核心が、一切の認識を「確信成立」の構造と見ることによって認識問題を解明する、という点にあることを、ほとんどの現象学者が、そしてまたほとんどの現象学の批判者がまったく理解していない。そのために認識問題は、現代哲学ではいまだ解決されないまま議論が続いているのである。

確信の構造を把握する

こうして、認識問題を現象学的観点から考えるとつぎのことが帰結する。まず第一に、ここから、人間の形成する一切の認識は、確信の構造としては三種類しかないということが導かれる。それが「三種の世界確信のスキーマ」である（表2-1）。

このスキーマには難解なところはない。あらゆる確信=認識は、自分だけの確信=認識（主観的-個的確信）であるか、二人以上、おおぜいの間主観的*-共同的確信（共通確信）であるか、誰にとっても共有されうる間主観的-普遍的確信であるか、のいずれかである。

民族宗教や世界宗教は、きわめて多くの人間に共有される世界像だが、しかし原理的に、誰にとっても共有される普遍性にはいたらない。これに対して、数学や自然科学の認識は、民族、文化、言語の違いを超えて共通了解を形成するような認識である。そして、この「間主観的-普遍的確信」=普遍認識を、われわれは「客観的認識」と呼んできたのである。

---

* **間主観的（間主観性）**　「間主観性」はフッサールの用語。一般的には、自分と他者が共通の確信をもっていることと考えてよいが、現象学的に厳密にいえばもう少し複雑。たとえば、机の上にリンゴが見えれば、誰でもそこに「リンゴがある」と確信するが、周りの人が全員、真剣に「それはミカンですよ」といえば、われわれは周りの人ではなく自分がおかしいのかと疑う。このことは、対象の存在確信が、「間主観的確信」（自分も他人も同じものを見ているという自分の確信）を大きな要素としていることを、よく示している。

表2-1　3種の世界確信のスキーマ

種　類	主観性	特　徴	例
個的確信	主観的	個人が作り出した確信・信念。共有されない	幽霊を見た経験 思い込み 幻聴
共同的確信	間主観的	共通の確信。2人以上に共有されるが、範囲に限界あり	ふたりの絶対的愛 船乗りの言い伝え 民族の神 世界宗教
普遍的確信	間主観的	共同的確信のうち特定の条件（構造）をもち、誰もが共有しうる	数学 自然科学 基礎論理学

誤解ないように断っておくと、「三種の世界確信」はフッサール自身の概念ではなく、現象学的還元の方法が認識問題の解明に直接つながっていることを示すために、私が再整理したスキーマである。学問的には、これがフッサールの真意を正確に伝えているかどうかの議論が必要だが、ここでは問題ではない。さしあたって必要なのは、このスキーマによって「認識の謎」が解明されることを読者に示すことだからだ。

ともあれ、フッサールの現象学的還元の考えによって、われわれはすべての認識を、構成された確信とみなす。このことによってわれわれは、さまざまな世界像（世界確信）が構成されるその根本構造を把握することができるのだ。

繰り返せば、現象学的還元の方法は、すべての世界像を「世界確信」とみなしその確信がいかに構成されるかを考察する。第二のスキーマが、「世界像の構成と共通了解」の構図である（図2-7）。

ここでのスキーマは、a・b・cの三つの対立する世界像（たとえば異なった宗教的世界観や政治思想など）があるとし、そうした世界認識＝確信がいかに構成されているかの構造について

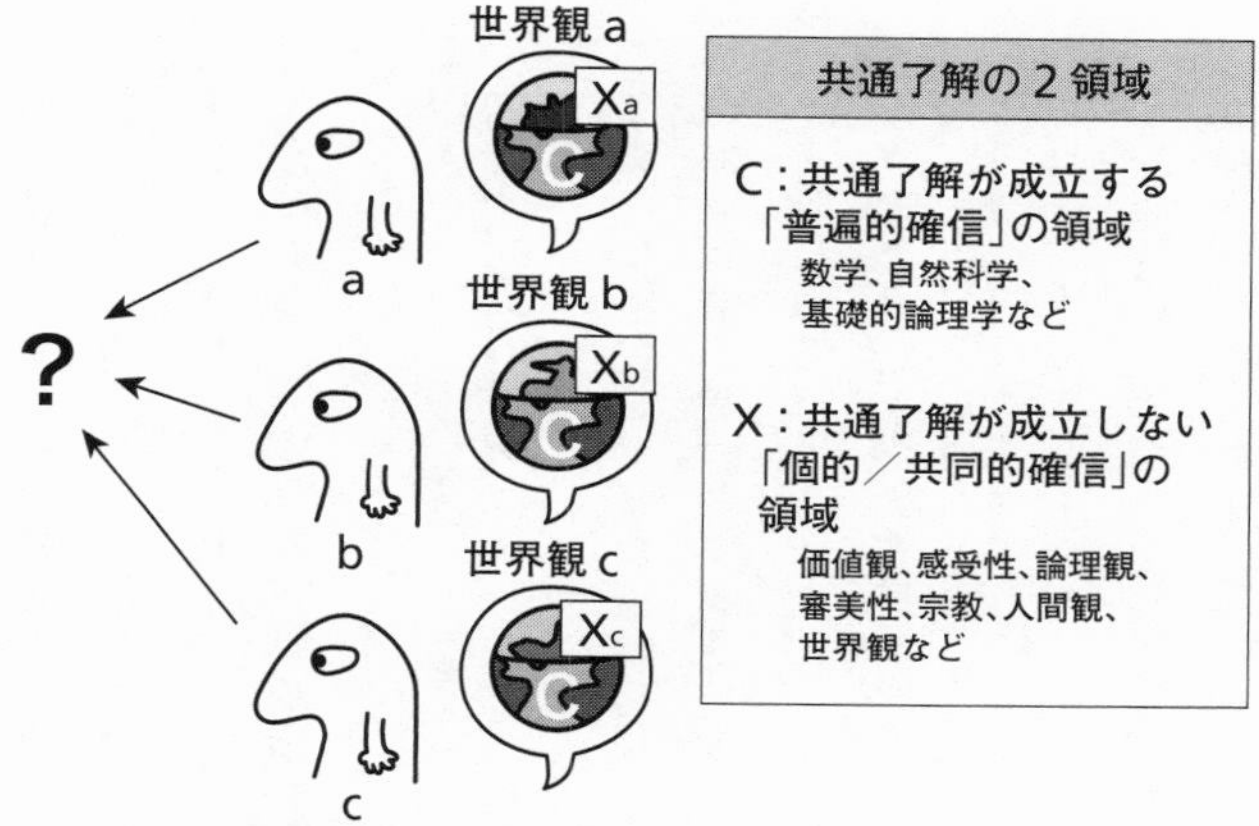

図 2-7　世界像の構成と共通了解

の考察を意味する。こうして見ると、ただちに、われわれの「世界認識」（世界像）が、二つの本質的に異なった領域から成立していることが理解される。

(1)　Cの領域……「厳密な共通了解の成立する領域」。すなわち間主観的－普遍的確信領域。数学、自然科学などの領域。

(2)　Xの領域……「厳密な共通了解の成立しない領域」。すなわち、価値観、感受性、倫理観、審美性の領域。したがって、具体的には宗教観や社会的政治的理念の領域を指す。ここでは、厳密な共通認識は原理的に成立しえないことが理解できる。

こうして、人間の世界認識を「世界確信」の構成とみなすや、決定的な転換が生じる。

まず、明らかになるのは、Cの領域においてすら、われわれが客観認識と呼ぶもの（厳密な共通認識）の成立は、「客観それ自体」との「一致」を必要としない、ということだ。客観認識は、「客観存在」それ自体と「認識」との一致によって確証されるのではないし、それはそもそも不可能である。

「客観認識」は、ここで主観と客観の一致によってではなく主観と主観の間の一致が確信されることによってはじめて成立する（間主観的確信の成立）。また、価値観、感受性、倫理観、審美性の領域では、厳密な「客観認識」なるものは成立しないということも原理として確証される。

「認識の謎」の解明

ここまでに解説してきた三つの現象学スキーマ（図2−6、表2−1、図2−7）によって、読者は、たしかに「認識の謎」が解明されていることを理解しないだろうか。これは認識論の「現象学的解明」と呼ばれるべきものだが、その要諦は以下である。

(1) そもそも絶対的な客観認識というものは存在しない。Xの領域では、絶対的な認識の一致は原理的にありえないからだ。しかしCの領域では、客観的認識＝普遍的認識*は成立するし、これまでも成立してきた。

一般的にいって、自然科学、つまり「自然領域」の認識では、厳密な共通了解、客観的認識が成立可能である。しかし、人文領域（本質領域）では、一定の条件が満たされないかぎり、普遍的認識は成立しない。

ただし、自然科学の客観的認識が世界それ自体（本体）の認識であるかどうかについては、まだ問題が残る。ニーチェ的認識論からは、「本体」の認識という考え自体が背理だからである。しかし、この問題は解明可能な問題なので後に回す。

(2) 人文領域、つまり「本質領域」で厳密な客観的認識が成立しないのは、ここが価値観、感受性、審美性の領域だからである。ここから、「世界観」の信念対立は価値観の多様性に由来する本質的な事態であることが分かる。また、「絶対的に正しい世界観」（唯一の真理）といったものが存在しないこともはっきり理解される。

さらに、この解明によって相対主義の本質も理解できる。すなわち、相対主義は、「本体」は存在しないと言うのではなく、暗黙のうちに「本体」を想定し、その上でどんな認識も「本体」に一致しえない、とする主張なのである。実際には、「普遍認識」は主客の一致と関係なく間主観的な確信の成立によって現われうる。

(3) 世界観（世界認識）の多様は、価値観の多様性から本質的に現われるものだが、しばしば対立（信念対立）を生じて、争い、戦いの原因となる。この信念対立の問題は、何が真に正しい世界観かという問いによっては解決されない。では、この対立を克服しうる原理はある

＊ **客観的認識・普遍的認識**　どちらも「誰もが共通に納得できる認識」だが、本書では、「客観認識」は主として自然科学の領域における、厳密な規定が可能な認識という意味で使い、「普遍的認識」は人文領域で成立する広汎な共通認識、という意味で使っている。

だろうか。たしかに存在する。それが「相互承認」の原理である。

たとえば、キリスト教とイスラム教の信念対立はいかにして解決されるか。教義の「正しさ」を証明する努力によっては決して解決されえない。互いに相手の信仰を認め合うこと。より正確には、互いに相手が自らの信仰をもつことを許容しあうこと。その上で、生じるかもしれないトラブルは、一定の共通ルールによって解決すること。この方式だけが、異なった宗教の共存を可能にする唯一の方法なのである（共存の必要がない場合は、もちろんこのことは不要であろう）。

一つの例。近代のはじめ、カトリックとプロテスタントは、長く武力によって戦いあったが、ある時点でようやく信仰の相互承認を行なった（たとえばウェストファリア条約）。いかにしてか。「信仰」は人間の絶対的な本質ではなく、それぞれの内心の信条に属するものとみなし、その違いによって戦いあうこと、差別しあうことはやめ、ともに共通のルールに服することによってである。

つまり信仰を超える「市民」という新しい共通のカテゴリーを見出すことで、はじめて深刻な宗教対立は克服され、またこのことは近代市民社会の成立の大前提となったのだ。もし、どちらかの教義（信仰）が絶対に正しいという観念（本体観念）が解体されなければ、キリスト教世界から近代国家は現われることはなかったろう。

さて、これが、ニーチェの「本体論の解体」とフッサールの「現象学的還元」つまり「確信条件の解明」（どのような条件で、様々な世界確信が構成されるのかを明らかにすること）の方法による、「認識の謎」の解明の基本構図である。この二つの概念を十分に理解できる読者は、主観と客観の、あるいは存在と認識の一致はないので普遍認識はありえないというゴルギアスの難問が、一つのレトリカルな問題にすぎないことをも理解するはずである。

私が示したのは、「認識の謎」の解明の基本構図だが、この構図は、まだ一定の読者には、存在や認識の問いに関してつぎのような疑問点を残すように思う。それは、ヨーロッパ哲学に長く続いた「認識の謎」の、おそらくは最後の関門である。

第一に、このスキーマからいえば、認識とはつまり「確信」のことにすぎず、たとえば科学の認識とは単に科学者の「確信」の一致を意味するにすぎないのか、科学的認識にはもっと厳密な基準があるのではないか。あるいはまた、客観認識（普遍認識）とは、結局、「全員の考えの一致」なのだとすれば、全員が間違っていることもあるのではないかという疑問である。これはすなわち、共同的な共通確信と普遍的な共通確信の本質的な違いは何か、という問いになる。

第二に、普遍的な確信が多くの人間の間主観的な確信であるとして、他者たちが自分と完全に同じ確信をもっているということは、いったいどうして証明されるのか。つまりここでもやはり、自分の確信と他者の確信の「一致」という問題が残るのではないか。

最後に、「本体の解体」とは何を意味するのか。それはつまり、世界それ自体は存在しないということなのか。だとすればあまりに荒唐無稽な答えではないのか。そもそも世界自体が存在しないということをいかに〝証明〟できるのか。おそらく、これが最も難解で興味を引く問題であろう。まさしく「存在とは何か」という問い（存在の謎）にかかわるからだ。さて、私が本章で示したニーチェとフッサールによる「解明」の構図は、ゴルギアスの「一致」の難問を解体するものだった。しかし、繰り返せば、ここではまだ、認識問題における最後の難関が残っている。私はつぎの章でそれを解明しようと思うが、これらの問いをどう考えるべきかについて、読者のヒントとなるように多少のコメントをおいておこう。

まず、世界認識とは結局「確信」ということに帰着するのか。昔の人々は、神の不在の観念を納得するのに恐ろしい努力を要した。しかし「原理」が明らかになれば、どんなことも自明のこととなる。

つぎに、共同的な確信と普遍な確信の違いは簡明なことだ。それは、宗教の信と自然科学への信の構造の本質的な違いを取り出すことで理解される。

また「自分の確信」と「他者の確信」の一致の問題も興味深い。しかし現象学のエッセンスは、「確信成立の条件」の解明ということにある。「存在」と「認識」の一致の条件は原理的に取り出せない。しかし確信と確信の間の一致の条件は、厳密な仕方で取り出すことができる。

最後に、「世界」それ自体はどこへゆくのか、という問いについては、次章の楽しみとしてとっておきたい。

第三章
現象学批判と『イデーン』解読

一　誤解と批判の源流——フッサール、ハイデガー、高弟たち

フッサールが誤解された三つの理由

ニーチェとフッサールによって、ヨーロッパ哲学の「認識の謎」は、ほぼ完全に解明されることを見てきた。しかし、現代哲学では、「本体論の解体」も、「現象学的還元」つまり「確信構造の解明」ということも理解されておらず、そのため、「認識の謎」が解明されていること自体が隠されている。多くの読者は、なぜそうした事情になっているかをいぶかしく思うに違いない。私もしばらくはそれをいぶかしく思ってきたが、いまではその事情を明瞭に言える。

まず、なぜフッサール現象学の方法がこれほどまで大きく誤解されてきたのか。三つのポイン

トを挙げよう。

第一に、最も有望な弟子とみなされたハイデガーの、現象学から存在論への離反。

第二に、フッサールの直接の高弟たちの、ハイデガー哲学への傾斜（あるいは転向）。

第三に、弟子たちの現象学理解がフランスへ輸出され、その後、ポストモダン思想の隆盛によって、この現象学理解にもとづく独断論、主観主義、基礎づけ主義（客観主義）であるといった現象学批判が世界中に拡がったこと。順に説明していこう。

第一の問題。フッサールに「君と私が現象学だ」とまで言わしめた弟子のハイデガー（一八八九—一九七六）は、一九二七年に『存在と時間』を書いて（フッサールに献呈される）、大きな注目を浴びる。しかし中味は微妙だ。ハイデガーは、自分の「存在の真理」を問う新しい存在論哲学は、現象学がその根本方法となると書いている。しかし同時に、現象学の真の意味は現象の背後に隠れているものを「解釈」することだとして、自らの哲学を「解釈学的現象学」「解釈学的存在論」と規定しなおす。そして、フッサール現象学の核心をなす認識問題の解明から離れ、「存在の真理」（＝存在の意味）の探求へと進むのである。

認識問題の解明を通して普遍認識の哲学的原理論を立て直し、そのことで人文領域（本質領域、つまり価値的世界）の哲学的探求へと進むこと、これがフッサールの根本構想だった。これに対してハイデガーは、一切を意識に還元するフッサールの方法では、人間の存在の意味や価値の問題（倫理の問い）には決してアクセスできない、だから「存在の意味」へ踏み込む解釈学という独自の方法が必要である、と主張する。こうして二人の哲学は背反的なものとなっていく（後の「ブリタニカ草稿」を契機に二人の離反が明確になったことはよく知られている）。

第二に、オイゲン・フィンク、ルートヴィッヒ・ラントグレーベといった直接の高弟たち、またそれに続くヘルト、パトチュカ、ロムバッハ、トイニッセン、ブラントなどは、ほとんどがハイデガー存在論の影響を強く受け、現象学の認識問題から距離をとった（あるいは無理解のままだった）。ここには二十世紀における現象学運動の背景がからんでいる。

十九世紀後半の科学の急速な進歩を契機として、伝統的な哲学への反対運動、オーギュスト・コントを始祖とする実証主義的社会科学の運動が台頭してくる。これに対して哲学の陣営からは、実証主義科学は人間の価値や意味の問題（本質の問題）には迫れない、という対抗の運動が現われる。そしてフッサール現象学は、その可能性の一つと見なされた（新カント派のヴィンデルバントやリッケルト、初期現象学派のシェーラーなどが代表）。

ところがハイデガーの存在論に触発されたフッサールの弟子たちには、「意識」に定位するフッサールの方法は人間存在の「深さの次元」にアクセスできないもののように見えた。ハイデガーの存在論こそ現象学の真の可能性を推し進めるものではないかと思われたのだ。そこで、現象学の功績は大きいがフッサールの方法では人間の価値や存在意味を明らかにはできない、といった批判が現われてきた。

第三に、こうしたネガティヴな現象学像がフランスに輸入される。初期レヴィナスはその中心的役割を果たした。後にハイデガーの反対者となるレヴィナスも、ここではハイデガー存在論に強く影響されている（『フッサール現象学の直観理論』）。フランスでは、サルトル、メルロー＝ポンティという二人が現象学派として独自の哲学を展開したが、やがてポストモダン思想が隆盛となる。ポストモダン思想は哲学的相対主義を理論的武器とするため、認識の普遍性を立て直そうとする現象学は形而上学の現代的形態であるとしてきびしい批判の対象となる。デリダやフーコーがその代表だが、ポストモダン思想の隆盛によってこの、誤解の上に誤解を重ねた現象学批判が世界中に拡散されることになったのである。

弟子たちの無理解

こうして、現在、世界中に拡がっているねじれた現象学理解は、そもそも直接の高弟たちの、現象学の根本動機に対する大きな誤認に端を発している。その具体例に少し立ち入ってみよう。たとえばまず、第一の高弟とされるオイゲン・フィンクの現象学理解。

《〔引用者注：現象学の〕この自己省察は存在者のあらゆる既知性や先行的所与性を「括弧のなかに入れ」、それらを使用することなく、もっぱらひたすらに純粋な自己省察を遂行することによって、世界的―存在的な「自己」、つまり人間を超出し、「超越し」て、「超越論的

主観性」、つまり本来的な自己へとつき進むのである。》（『フッサールの現象学』109頁　新田義弘ほか訳）

フィンクによれば、現象学の本義は、自己を超出、超越して、「本来的自己」＝超越論的主観性へ突き進むことだとされる。これはフッサールの用語をつぎはぎして、現象学の核心はハイデガー流の「本来的な自己」の探求の学にあると説く、学者の詭弁の見本である。

もう一人の弟子ラントグレーベに、フィンクのフッサール批判に同じた文章がある。《フィンクによれば〔略〕、超越論的構成〔という概念〕の意味は、「意味形成と創造との間を」揺れ動いているというのである。〔略〕「構成」の意味がこのように揺れ動いていることから帰結することは、「いっさいを総括する全体的生」というフッサールの概念もまた、解明されぬままになっているということである。》（「フッサールの構成論についての反省」58頁　小川侃訳）

「構成」とは、確認してきたように確信が構成されること以外を意味しないが、この簡明な概念がまったく理解されていない。この一事で、直系の高弟たちが、確信条件を明らかにすることで認識問題を解明する、というフッサールの根本動機に完全に無理解であることが分かる。

「構成」概念についてはフッサール自身が、『デカルト的省察』の「第三省察　構成の問題、真理と現実」で、「構成についてのいっそう精確な概念を準備することにとりかかろう」と書いているので、これを確認しよう。以下に挙げるフッサールのいくつかの文章で、「構成」や「妥当」という言葉を「確信の構成」と置き換え、「明証」を「動かしがたい確信の成立」と置き換えて読めば、これらの文章の意味は明晰に理解できるはずだ。

《世界の存在は、このようなしかたで、世界それ自身を与える明証においてさえも、意識にとっては超越的であり、また必然的に超越的なものとしてとどまるが、このことは、あらゆる超越的なものは意識生命のうちにおいてのみその意識生命から不可分なものとして構成されるという事実〔略〕を少しも変えはしない。》（244頁　船橋弘訳）

ここで「超越」についても解説しておこう。まずフッサールの「超越」という概念は（これもフィンクは誤用しているが）、もとカントの「超越論的観念論」の概念から来ている。カントの「物自体」の概念は、世界それ自体は人間の認識能力を超え出ている、ということを含意しているからである。

つまり、ここで、世界の存在が「意識にとっては超越的」であるとは、その存在を絶対的な仕方で認識することはできないこと、ゴルギアスと同じく、存在と認識の絶対的一致のないことが言われている。しかしにもかかわらず、とフッサールは主張する。そのことと、さまざまな事物や事象の存在が、人間を含む動物の「意識」のうちで動かしがたい確信として「構成されるという事実」（成立していること）とは、別のことである、と。

そこでこうなる。存在と認識の一致はたしかに確証されない。しかしわれわれのうちで「存在」についての動かし難い存在確信（＝明証）がつねに成立している。そしてこの存在確信の構成の構造は、原理的に把握することができる。それが現象学の中心の課題であると。

《そのような明証の本質構造を、あるいはそのような明証の理念的な無限の総合を体系的に建設する無限性の次元の本質構造を、そのあらゆる内的構造にわたって明瞭にすること、このことは、きわめて明確でしかも強力な課題であり、これが、〔訳者注：構成という〕ことばの厳密な意味での、存在する対象の先験的構成という課題なのである。》（245―246頁）

「存在する対象の先験的構成という課題」とは、つまり、現象学の本質的な仕事は、われわれが世界と対象とをどのような仕方でたえず「内的確信」として成立させているかというその構造を解明することだ、というのである（「先験的」transzendentalは、「超越論的」と同義）。もう一つ、フッサールの「妥当」が、確信構成を意味することをよく示している箇所を引こう。

《最も広い意味での対象（実在的事物、体験、数、事態、法則、理論など）がわれわれにとって存在するということは、さしあたりはもちろん、明証的な何ごとも意味しておらず、そのことが意味しているのはただ、そのような対象が、わたしに対して妥当するということ、いいかえれば、そのような対象がそのつど、ある信憑の定立的様相において意識されている意識対象として、わたしの意識にとって存在する、ということにすぎない。》（242頁 傍点引用者）

事物、数、理論などが客観的に存在するとは、現象学の観点からはそれらの存在についての絶対的な認識＝確証を意味せず、まずは、それらが、私の「意識」のうちで存在確信として成立していること（＝対象が私に「ある信憑の定立的様相において意識されている」こと）である。そうフッサールが言っていることは明らかだろう。

二 「確信成立」の構造を解明する——『イデーン』解読

注意深い読者にとっては、現象学の要諦が存在についての「確信構成」の構造を把握する点にあること、したがって、絶対的認識の基礎づけの試みであるとか、意識主義のために存在論として不十分だといった批判がいかに現象学の無理解にもとづくものであるかについて、もはやこれ以上の議論は必要ないかもしれない。しかしここでは、現象学をもう少し深く理解したいと考える読者のために、必要にして十分な、つまりこの点さえ理解すれば現象学の核心を把握できるというフッサールのテクストの重要箇所を、くわしく解説してみたいと思う。その中心主題は、現象学の「ノエシス―ノエマ」という構造である。だから、現象学の基本課題が理解でき、認識問題の先行きに興味のある読者は、ここは飛ばして読んでも構わない。

用語解釈の迷路

はじめに、一般に流通している現象学理解の水準を示す典型的な例を置き、つぎにこれに比べて、フッサール自身のテクストによってそうした解釈を吟味してみようと思う。

二〇一七年に出された『現代現象学』（植村玄輝ほか編著）は、日本の若手現象学者による研究書だが、最新のものなので、現在の世界と日本の現象学研究の水準がよく分かる。

冒頭は、つぎのメルロー＝ポンティの引用からはじまる。《現象学とは何か。フッサールの最初期の諸著作から半世紀も経ってなおこんな問いを発せねばならぬとは、いかにも奇妙なことに思えるかもしれない。それにもかかわらず、この問いはまだまだ解決からはほど遠いのだ。》（『知覚の現象学 1』 1頁 竹内芳郎ほか訳） そして以下のように続く。

メルロー＝ポンティがこう書いてから七十年以上たつが、「現象学とは何か」はいまも学者たちの間で簡単に答えられない問題である。《こうした事情の一因は、フッサールによる創始以来、現象学がつねに拡張または拡散を繰り返してきたことにあるだろう。「事象そのものへ！」をモットーとする現象学には、論じられる事象と同じだけ可能性がある。》（『現代現象学』i頁）

この一文は、現在の現象学アカデミズムが、「現象学的還元」という概念の簡明な本質を理解できないため、フッサールのテクストが、ちょうどかつての聖書解釈学（exegetics）のように何とでも言える恣意的な解釈議論の宝庫のようになっていることを、よく示している。現象学は解釈の数だけの「可能性」がある、とは、どこにも正解はないのでどう解釈してもそれなりに通用する、ということであろう。

さて、この本に「フッサールのノエマ概念」というコラムがある。ここで、「ノエマ」概念の解釈について、さまざまな解釈が入り乱れていることが述べられている。概要は以下である。

フッサールは『イデーン』で「ノエシス―ノエマ」の構図を示しているが、「ノエマ」が何を意味するのか、さまざまな解釈があり論争が続いている。「ノエマ」は、ギリシャ語起源で「思考されたもの」を意味する。だからノエマは「経験の対象を一般的に指すもの」（対象としての樹木自体）とする解釈も可能ではあるが、これは素朴すぎるだろう。フッサールは「樹木のノエマは燃えることがありえない」といっているし、また、ノエマは「意味」だともいっているから、ここでも「経験の対象」と同一視するのは難しい。

これに対して、「ノエマ」を『経験の意味』とみなして経験の対象から区別する解釈が、ダグフィン・フェレスダールなどによって一九六〇年代の終わりに提出されており、「ノエマ」の

「『西海岸（West-Coast）』解釈」と呼ばれてアメリカ西海岸を拠点とする研究者に広く支持されている。たとえば、ケヤキを見るという経験は、実際には幻覚でありうるから、ノエマを対象自身とせず、その「意味」つまり「対象とは区別される志向的内容」と考えれば「思考されたもの」でありかつ「対象そのもの」ではないと言える。

しかし、この解釈にも問題がある。《この解釈は、フッサールが知覚経験のノエマを「知覚されたかぎりでの知覚されたもの」と繰り返し呼んでいるという事実と齟齬をきたす》（同前133頁）。また、この考えは、《真正の知覚経験の中で私たちが世界内の対象と出会っているという、フッサールが再三強調した事柄をうまく説明できないのではないだろうか》（同前）……。

要点は以下である。多くの学者たちにとって「ノエマ」の意味はいまだ確定されないままである。一方で「ノエマ」は知覚対象（樹木）それ自体を意味する、という説があり、他方では、樹木それ自体ではなくその「意味」だという意見もある。だが、フッサールはノエマを、「知覚されたかぎりでの知覚されたもの」と書いているから、ノエマは、対象としての「樹木」それ自身だという説も捨てられない。

さらに、ノエマを「〈経験の対象そのもの〉の部分」と考えようという解釈（アロン・グールヴィッチ）もあり、また「ある全体に属する部分ではなく、同一の対象がもつ多様な相貌のひとつ」と考えようという解釈もある。これは「東海岸」解釈と呼ばれている。だが、いずれの解釈も決定的とはいえない。ノエマは「意味」だという説は、知覚された対象は単なる意味なのか、と問われるし、対象自身のある側面（相貌）だという説は、対象が実在的でないようなケースでは説明がつかない。こうして、この議論は、いまは下火になっているが結局決着がつかないままである、云々。

このコラムは、現在の現象学研究が用語解釈の迷宮にはまり込んでいることをよく示している。ここでの「ノエマ」とは何かについての解釈の対立を整理すると以下である。

(1) 知覚対象それ自体……客観的な樹木
(2) 知覚対象の「意味」……「樹木」という意味（西海岸解釈）
(3) 経験対象そのものの部分
(4) 対象の多様な相貌（アスペクト）の一つ（東海岸解釈）

ひとことでいってつぎのことが明らかである。ノエマは「対象それ自身」か、あるいは「対象の意味」かといった不可思議な議論は、つまるところ、ノエマは「客観」（対象自体）に属すのか、それとも「主観」（対象の意味）に属すのかという議論であって、要するにここでは、フッサールがまず取り払うべしと言った、「主観―客観」図式がそのまま残されているのである。

さて、「ノエマ」「ノエシス」「構成」は現象学的還元という方法の基軸をなす中心概念である。そしてその意味するところは、「還元」を、確信の構成を解明する方法と受けとるかぎり、まったく明らかである。すなわち「構成」は、意識内における「確信の構成」を、ノエシスは意識内の実的な経験を、ノエマはそこから構成される対象確信を意味する。いまこのことを、フッサール自身の言葉に即して例証してみよう。

「ノエシス―ノエマ」の構造

フッサールの主著『イデーン』第二篇の第一章、第二章は、現象学的還元の中心概念がすべて解説されている箇所であり、フッサール理解の最も枢要の箇所である。そこで、とくに重要な第二章から、「ノエシス―ノエマ」構造に焦点をあてて解読してみよう（「ノエシス―ノエマ」は「コギタチオ―コギターツム」の用語でも言われるが、ほぼ同義である）。

すでに述べたように、現象学的還元の方法の核心は、「主観」を原因と考え、「客観」を結果とみなす根本的視線変更にある。ここで「エポケー」（判断中止）とは、「客観が何であるか」という問いを消去（括弧入れ）しておくことを意味する。「エポケー」が必要な理由は、「主観」と「客観」という構図で考えるかぎり、その「一致」の証明は不可能だからどこまでも謎が解けないためだ。だから問題を「主観」の領域だけに限定し、この領域を内省的に洞察して、たとえばリンゴを見るという知覚体験において、対象の存在確信がどのように構成されるかの構造を把握するのである。その構図が図3‐1「ノエシス―ノエマ構造」である。

フッサールの「現象学的還元」の手順を整理すると、①エポケー、②「超越論的主観」（「内在意識」）の領域の確認、③「内在意識」における対象確信の構成の構造の把握、となる。

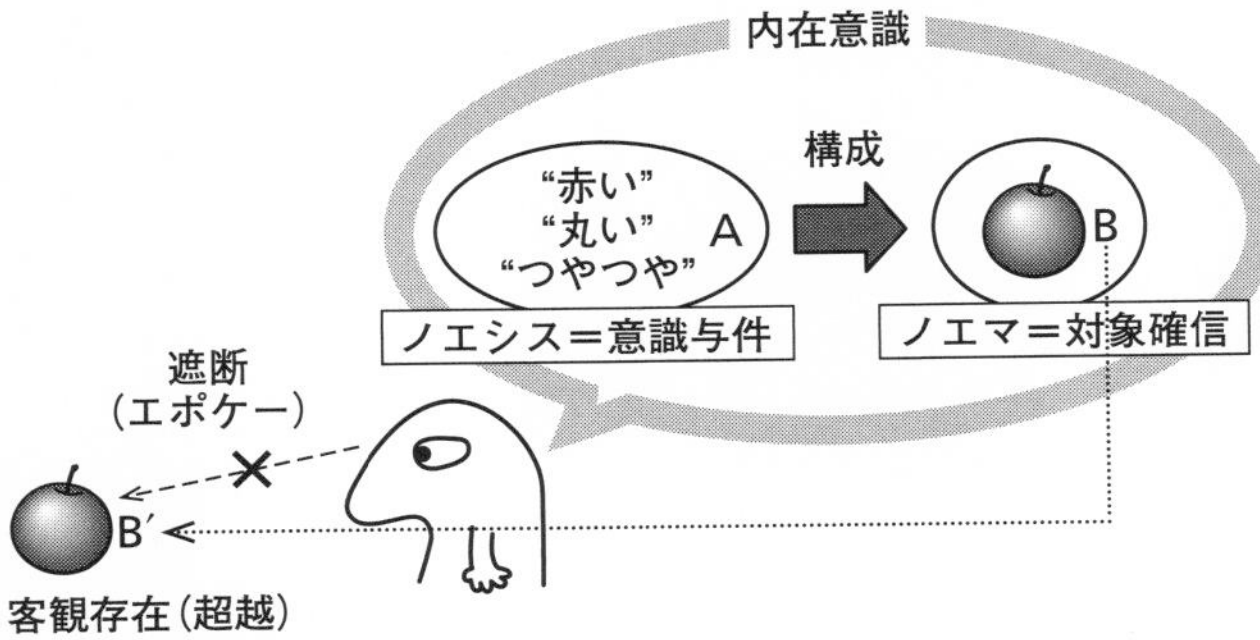

図3-1　ノエシス―ノエマ構造

つまり、①まず「客観」の項目を消去する。②主観の風船（図中の内在意識の領域）だけが残り、ここを内省的探求の対象とする。この領域を、フッサールは多くの用語で呼ぶために、きわめて分かりにくい。超越論的主観、超越論的意識、超越論的自我、現象学的意識、純粋意識、純粋自我、内在的領域、内在的意義等々。すべて同じ意味と考えてよい。

③この主観の風船の中の基本構造が、「ノエシス―ノエマ」構造。基本的には「ノエシス」（赤い、丸い、つやつやという知覚像）から「ノエマ」（これはリンゴだという確信）がたえず構成されている。この「ノエマ」が、構成された対象確信である。これですべてだが、フッサールの術語の多さが生み出す混乱を避けるために、もう一歩踏み込んでみよう。

知覚体験の進行―対象確信の構成

まず第三十五節の冒頭、フッサール自身による、知覚体験（一枚の紙を見る）の内省的記述を見よう。

《話の糸口として、われわれはいくつかの例を挙げてみよう。私の前には、薄暗がりの中に、この白い紙がある。私はその紙を見、それに触る。このようにその紙を知覚しながら見たり触ったりすること、これは、ここにある紙についての完全な具体的体験であって、しかもその紙は、まさにこの特定の諸性質において与えられている紙であり、かつまた、まさにこの特定の相対的な不明瞭性において、この特定の不完全な規定性において、私に対するこの特定の方位において現出している紙なのであるが、――こうした紙を知覚しながら見たり触ったりすることは、一つのコギタチオであり、一つの意識体験である。この紙そのものは、その客観的な諸性状を具え、空間中にその拡がりを持ち、かつ、私の身体と称されるところの、そして私が確信しているように実在的に構成されたものであるところの私の身体という空間事物に対して、その客観的位置を占めているものであるが、こうした紙そのものは、コギタチオではなく、コギタートゥムであり、知覚体験ではなく、知覚されるものである。》(154頁 渡辺二郎訳)

ここでフッサールが行なっているのは、一枚の紙を見るという知覚体験における、意識内での確信構成の構造の観取(把握)である。これを図で示すことができる(図3-2)。

要点は、まず、現実に意識に現われてくるのが「コギタチオ」(=ノエシス)の部分。フッサ

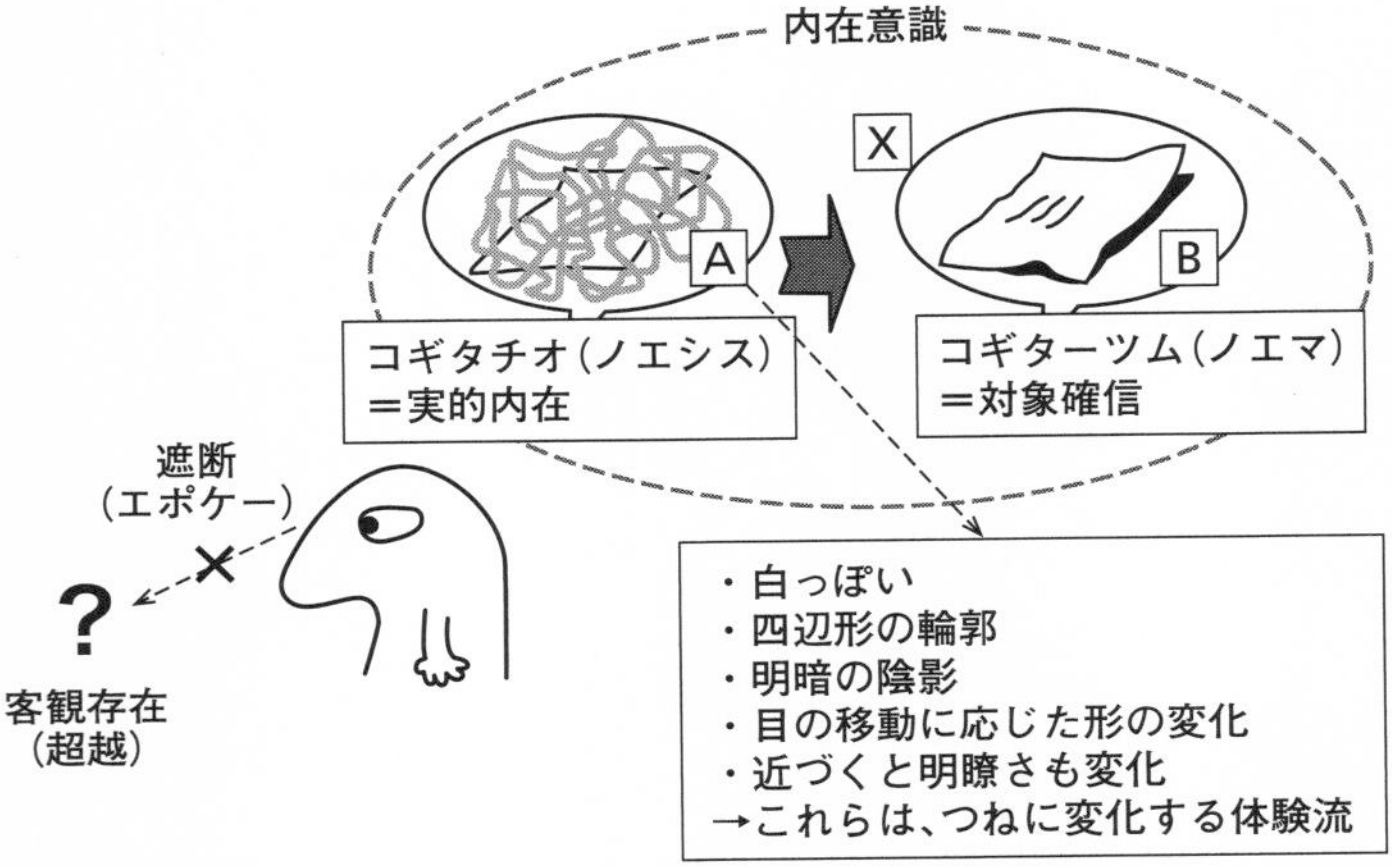

図 3-2　紙を例にしたコギタチオ―コギターツム

ールの記述はこんな感じだ。「なんだか白っぽいものが机の上にあるようだ。これは何だろうか。少し近づくと、形の輪郭が少しはっきりする。影のところもあるが、どうやら全体が一様に白いようだ。もっと近づくと、長方形の一枚の『紙』だということがはっきりしてきた……」。

「コギタチオ」は、同一の像ではなく刻々変化する「体験流」、すなわちさまざまな像の「流れ」である。つまり、「私」がこの白いものに近づいていくと、白っぽいものが、徐々に形や、全体の色の感じを明瞭にしてゆく。この一つ一つの流れゆくプロセスは、「意識」における「具体的な体験」の契機であって、これを「ノエシス」と名づけよう。

ところがこれに対して、この「ノエシス」という所与から、つねに「一枚の紙」がそこにある、という確信が生じている、ということも分かる。この確信を「ノエマ」（コギターツム）と呼ぼう。われわれの知覚体験は、体験流としての「ノエシス」がつねに現に与えられており、そこから一枚の「紙そのもの」という確信が持続的に構成されている。

つまり「A」から「B」が構成されている、これが対象の存在確信の構成の構造の基本図式である。ちょうど「言葉」や「文」が、たえず流れて行く「音声」(「文字」)からその総括として「意味」を作り出してゆくのと同じだ。

この「具体的な知覚体験の進行のうちで、対象の確信(ノエマ)が構成される」という基本構図が理解できないと、フッサールによる「現象学的還元」の説明は呪文のようにしか思えない。だが、この構図を念頭においていれば、どこでも同じ構図が変奏されながら繰り返されているだけだということも理解される。

ここで、フッサールの用語を整理して表にしておこう(表3-1)。この表を頭に入れておけば、フッサールの煩瑣な用語の波を難なく乗り越えて行けるはずである。内省的洞察をもう少し推し進めよう。

表3-1　フッサールの用語の整理

A 内在(的知覚)	B 超越(的知覚)
ノエシス	ノエマ
コギタチオ	コギターツム
体験	事物
実的	超越的(対象確信)
志向的体験	志向的客観
不可疑的	可疑的

内在的知覚と超越的知覚(実的なものと想定されたもの)

フッサールの構図でもう一つ重要なのは、「内在－超越」というキーワードである。つぎの文章を見よう。

《明証的であるのは次のこと、すなわち、直観と直観されたもの、知覚と知覚事物とは、たしかにその本質において相互に関係し合ってはいるが、しかし原理的必然性においては、実的にまた本質面で、一つになって結合されている、ということはない、ということである。

われわれは一つの例から出発してみよう。私は、絶えずこの机を見続けるとする。ただしその場合、私はその机のまわりを歩き廻ったり、空間における私の位置をどのようにであれ不断に変化させたりするとする。〔略〕しかもその机はその間、それ自身において全く不変化のままにとどまる同一のものであり続けている。ところが机の知覚の方は、間断なく変化してゆく知覚であって、それは、変動する諸知覚の一連続である。〔略〕ただ机のみが、同一のままなのであり、つまり、新しい知覚ともとのものの想起とを結びつける綜合的意識の中で、同一のものとして意識されているにすぎないのである》（177頁）

ここに見られる構図を「内在—超越」スキーマと名づけよう。この構図（図3-3）のポイントは、内在的知覚（ノエシス=体験）は、つねなる流動なので同一性は現われないが、しかし意識にとっては「実的な要素」（現に確認できる意識与件）であること、これに対して超越的知覚（ノエマ=事物）は、意識の与件（データ）としてはまったく存在せず、ただ意識のうちで構成されている一つの対象確信=「想定されたもの」である、ということだ。

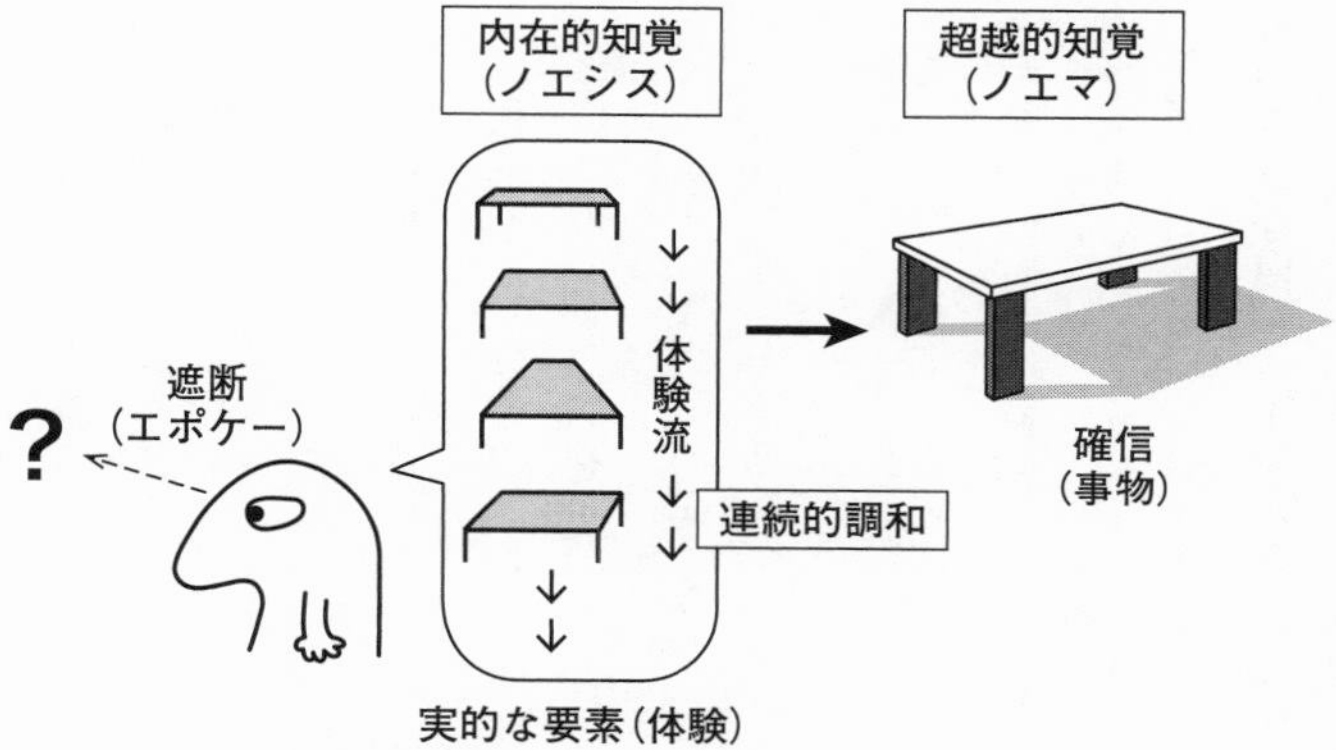

図 3-3　「内在—超越」スキーマ

　この図は、われわれの意識に実際に与えられているのは、一個の机のさまざまな「見え方」であり、その形としては、たえず変化してゆく歪んだ平行四辺形や台形である。これらの知覚形象は実的に＝現実にわれわれの意識に現われている。しかしわれわれは、この変化する内在的知覚（ノエシス）のプロセスを通して、ずっと一個の「長方形の机」を見ていると思っている（確信している）。われわれが現に「知覚しつつある」のはさまざまな形（長方形ではない）として現われてくる机だが、「知覚されたもの」は、まさしく「長方形の机」である。

連続的調和

　もう一つ現象学的還元における重要な概念がある。それは「連続的調和」の概念である。

《この知覚の本質には、理念的な可能性が属していて、その可能性によれば、その知覚は、一定の秩序を具え連続的に調和する知覚の多様へと移行し、この多様は繰り返し継続されてゆくことができ、したがって決して完結してはいないことになる。ところがさらに、〔略〕この多様は、調和的に与える働きをする意識の統一を作り出すのである。しかもその意識は何についての意識かと言えば、当の同じ一つの知覚事物についての意識であり、ただその知覚事物が、ますます完全に、常に新しい側面から、ますます豊かな規定に即して現出しているだけなのである。この知覚事物は、その調和性が破られないかぎり、したがってその調和性におのずと伴ってその調和した様式における知覚の進行の必然的想定がなされうるかぎり、確実現存在の様態においてまた今後の存在持続の様態においてその事物を与えるのであり、またそれに準じて、その事物の性質的な在り方の諸規定をも与えるのである》（184頁）

ここで言われているのは、基本的には先の、体験流としての内在的知覚（ノエシス）からたえず超越的知覚（＝確信（ノエマ））が構成されている、ということ。重要なのは、体験流から超越＝確信（ノエマ）が構成されるプロセスを、「連続的調和」の概念で呼んでいる点だ。

まず、ここでの「知覚」とは「体験としての知覚」（ノエシス）のことであり、「知覚事物」はその対象確信（ノエマ）のことだ。具体的な知覚はたえず変化してゆく多様な知覚の連続だが、それはばらばらに切り離されたものではなく、つねに一つの調和的な統一を生み出している。一つの机を違った角度から見てゆくと、机はさまざまな形で現われるが、それらは調和的に統合されて「一つの長方形の机」という対象確信を持続的に生み出している。これが「連続的調和」である。

しかし、近づいてよく見ると、じつは机ではなくて弾力をもったトランポリン式の遊具だった、ということもありうる。この場合、体験的知覚の連続的調和がとぎれて、（机という）対象確信は崩れ、変容するわけだ。

つまり、内在的な知覚の連続的調和が持続している、ということが、「一つの事物である」という対象確信が維持される本質的条件なのである。

またもう一つのことがある。この体験的知覚の連続的調和がずっと続いていく場合、この体験のプロセスでは、「これで対象のすべてを知覚し尽くした」といったことはありえない。その間、このプロセスの中で「一つの対象」についての統一的な確信の意識が作り出されるのだが、この対象確信は、つねにまったく「同一の」対象確信であるわけではない。

「一つの長方形の机」であるという点では同じだが、にもかかわらず、その対象の意識は、徐々に、「ああこんな机だ」という「対象の何であるか」についての豊かさが増してゆく。このように統一された対象確信の連続的調和が持続すると、単なる対象の存在確信だけではなく、その存在様態についての確信がいっそう豊かな調和的統一を形成してゆくこと、これが「連続的調和」の概念である。

もはや明らかなように、ここでの「意識の統一」や「連続的調和」の概念を、対象の「確信の構成」の構造についての概念と受けとらなければ、ここでのフッサールの描写も、何を言おうとしているのかおよそ訳の分からないものとなるだろう。

世界の不可疑性

最後に、フッサールの「現象学的還元」の遂行における最も重要なキーワードとして、「可疑的」と「不可疑的」の概念を示しておく。第四十六節のタイトルは、「内在的知覚には疑わしさがないこと、超越的知覚には疑わしさがあること」である。

《以上述べてきたすべてのことから、重要な帰結が結果してくる。内在的知覚はどれもみな、必然的に、知覚される当の対象の現実存在を保証するのである。反省的な把握作用が私の体験の方に向けられるとき、私は、一つの絶対的なそのもの自身を把握したのであって、このものの現存在は、原理的に否定されえないのである。すなわち、そうしたものが存在しないなどという洞察は、原理的に不可能なのである。そのように内在的に与えられている何らかの体験が本当は存在しないことも可能であると考えるならば、それは、一つの背理であろう》（196頁）

この引用の、内在知覚は必然的に「知覚される当の対象の現実存在を保証するのである」という言葉がミスリーディングで、これを〝内在知覚は現実の事物対象を保証（確証）する〟と読むと、先の学者たちの議論で見たような「主観―客観」図式に陥ってしまう。

ここの意味は、およそ内在知覚（ノエシス）は、それが現に意識のうちに存在することを疑えないものだ、ということである。そしてこれに対応して、超越知覚（事物知覚＝ノエマ）はその現実存在が保証されない、と言われているのだ。したがってここでのポイントは、「内在的知覚＝ノエシス＝体験」に現われていること（すなわち、赤い、丸い、つやつやの感じ）はその「現実性」を疑えない（不可疑）のに対して、「超越的知覚＝ノエマ＝事物」として確信されているもの（一個のリンゴ）はつねに可疑的である、ということだ（レプリカかもしれない）。

「いま私には、赤くて、丸くて、つやつやしたものが、ありありと見えている」。これが意識体験で生じていることだが、そうした具合に「反省的に把握されていること」は、意識にとって一つの「絶対的なもの」（絶対的な不可疑性）であって、じつはそんな気がしただけでそうではなかった、などと否定されることはありえない。そうしたことは一つの「背理」である、そうフッサールは言うのである。

補足するとこうなる。たとえば私がコーヒーを飲み、これはいつものおいしいコーヒーだと感じる。このとき、じつは私が飲んだものはコーヒーに似せた味の小豆ドリンクだった、という可能性は原理的に排除できない。しかし、私が「おいしいコーヒーだと感じたこと」それ自体は、「じつはそう感じたのではなかった」へと変わることは、原理的にありえない。

これを要約すれば、「内在的知覚」の本質的不可疑性、「超越的知覚」（確信）の本質的可疑性、という言い方になる。

さて、フッサールの現象学的還元の方法、つまり一切の認識を確信とみなし、さまざまな確信構成の構造の本質を把握するという方法が、なぜ認識問題を解くことになるのか、読者には理解できただろうか。

その大きな構図については、すでに「世界像の構成と共通了解」スキーマ（前掲図2－7）によって示したので詳しく繰り返さないが、要点は以下である。

まず、ゴルギアス・テーゼが主張するように、世界の「客観的存在」を絶対的な仕方で認識＝確証することは決してできない。しかしそれは、カントが考えたように、人間の理性の能力が本性として持つ限界によって世界の本体が認識できない、ということではない。

むしろ世界の存在は、認識不可能なのではなく、どこまでも可疑性をともなうゆえに認識論的に「超越」であり、それゆえそもそも認識の対象となる条件を欠いているのである。しかしまたこのことは、なんら客観認識や普遍認識がありえないということを意味しない。普遍認識は、間主観的で普遍的な共通了解が成立するところでは、必ず成立する。存在と認識の一致がなければ普遍認識は存在しないというのは、一つの大きな錯覚なのである。

哲学は世界の「言い当て」の探求ではなく、より普遍的な「世界説明」であるということを想起しよう。存在がどうあるのかを「言い当てる」という言い方が妥当なのは、物理的な世界の領域においてのみである。人間や社会の領域は一つの実体的な事実ではなく、意味と価値によって紡がれる、たえず変化する「関係の網の目」であり、それゆえわれわれはそれをより適切な、より多くの納得を生み出すような仕方で、「説明」することができるだけなのだ。

フッサールによる「世界説明」の卓越した独創は、個々の人間（あるいは共同体）はさまざまな「世界像」をもって生きているということ、そして絶対的に正しい世界像（真理）は存在しないこと、したがって問題は、信念対立が生じた場合には、相互承認と共通了解を可能にする「世界説明」の創出だけがその克服を可能にすること、などを明らかにした点にある。

もう一つ重要なことがある。「本体」は存在しない、それゆえ世界は存在しない、などといった考えは現象学から出てこないということだ。

世界の存在は厳密な認識対象とはなりえないが、しかしわれわれにとって不可疑なのである。そしてこの不可疑性は、われわれの「内在的知覚」にその根拠をもっている。世界がわれわれの「内在」において「連続的調和」を保って維持している間は、われわれは世界の存在を信じざるをえず、動かしがたい存在確信をもつ、ということが認識の構造からして本質的だからである。

だが、このテーマは「存在の謎」にかかわるので、後にニーチェやハイデガーの探求とあわせて、もう一度論じようと思う。

フッサールのテクストを自分で読んでみること

こう見てくれば、フッサール現象学が世界の厳密な客観認識をめがける「形而上学」への野望をもっている、などという主張は馬鹿げたものだということが分かるはずだ。むしろフッサールは懐疑主義にはとうていなしえない本質的な仕方で、「形而上学」や「独断論」を打破しているのである。さらにフッサールの認識問題の解明によって、ゴルギアス・テーゼもまた打破される。存在、認識、言語の厳密な一致は証明されえない。しかしにもかかわらず、われわれは「普遍認識」と呼ぶべきものを創出することができる。

フッサール現象学を、「確信構成の条件」の学と理解するかぎりで、ヨーロッパ哲学の認識問題は完全に解明される。しかしまさしくこの現象学理解が、現代哲学、現代思想にぽっかりと欠落したままなのである。

何が必要なのかは明らかである。新しい世代の哲学徒たちが、フッサールはヨーロッパの認識問題を解明したがそれはいかにしてか、という点に留意した上で、フッサールのテクストをもう一度自分で精読すること、このことだけが事態を変えるだろう。

フッサールによる認識問題の解明が、すべての認識を確信の不可疑性という本質において見る、という完全な独創によって打ち立てられていることを示す象徴的なテクストがある。

《世界は、目ざめつつ、つねに何らかのしかたで実践的な関心をいだいている主体としてのわれわれにとって、たまたまあるときに与えられるというものではなく、あらゆる現実的および可能的実践の普遍野として、地平として、眼前に与えられている。生とは、たえず世界確信の中に生きるということなのである》（『ヨーロッパの学問の危機と先験的現象学』512―513頁 細谷恒夫訳）

第四章
「言語の謎」と「存在の謎」の解明

一　現代言語哲学の迷宮

言語の謎

「認識の謎」の解明を終えたわれわれに残された「謎」は、「存在の謎」「言語の謎」、またこれらから派生する意味の謎、同一性の謎、時間の謎、価値の謎であった。本章でいよいよこれらの解明に踏み込もう。

ウィトゲンシュタインに、哲学のなすべき仕事は「蠅《はえ》に蠅取り壺からの脱出の道を示す事である」という言葉がある（『哲学的探究』206頁 黒崎宏訳）。ここでわれわれは、現代哲学が陥っているこれらのアポリアやパラドクスの本質を示し、そのことで哲学を「蠅取り壺」の迷路から解き放つ試みを行なってみよう。

現代哲学は三つの大きな潮流をもつ。

第一に、フレーゲ、ラッセル、ウィトゲンシュタインを起点とする現代言語哲学（分析哲学）の流れ（モーリッツ・シュリック、カルナップらによる論理実証主義からはじまって、やがてクワインなどの相対主義的反論理主義へと進む）。

第二に、現代社会批判を中心動機とするポストモダン思想。

第三に、フッサール現象学を起点とし、ハイデガー、メルロー＝ポンティ、サルトル、ハンス＝ゲオルク・ガダマーなどに続く現象学‐存在論的解釈学の流れ。

大勢としては、第一と第二の反哲学、相対主義＝懐疑論の陣営が優勢である。ちなみに、分析哲学を代表するウィトゲンシュタインの哲学と、現象学‐存在論を代表するハイデガーの哲学は、完全に背立的である。ウィトゲンシュタインから見るとハイデガー哲学はナンセンスな「形而上学」であり、ハイデガーからみれば、分析哲学は「存在の忘却」の極致にあって、哲学たる根本条件を失っているということになる。

フレーゲとラッセルによる数学の論理学的基礎づけという試みから出発した現代言語哲学は、ローティの「言語論的転回」という言葉で知られるように、言語の本質の探求を主要な領域とする。ラッセルの『数学の原理』は、一般に、数学を論理学から基礎づける試みといわれるが、すでに述べたように、むしろ「言語の数学化」の試みというほうが分かりやすい。自然科学が「自然の数学化」という方法によって自然の客観認識をなしとげたのと同じような狙いが現代論理学にはあるのだ。

言語の数学化という企てがうまくいけば、あらゆる言明はつねに「同一」の意味を表現することになるから、言語からあいまい性は排除され、人文領域における普遍認識の可能性につながる。ウィトゲンシュタインの『論理哲学論考』もまさしくそういう試みだ。彼は、最も単純な事態と「要素命題」との対応、という構想によって、存在—認識—言語の一致の可能性、つまりゴルギアス・テーゼの克服を試みたのである。

だが、ウィトゲンシュタインは後期の『哲学的探究』では、『論理哲学論考』における厳密論理学の試みを完全に否定する。つまり、ウィトゲンシュタインの歩みは、現代言語哲学の厳密論理主義から言語の本質論へと進んだ。彼は、いわばカントとニーチェの認識論の仕事を一人で行なったといえる。

『哲学的探究』におけるウィトゲンシュタインは、一定の規則を置くことで言語は厳密にその意味を規定（記述）できる、という現代論理学の大前提を疑う。そしてこの疑いは、言語の問題に関するおびただしい難問やパラドクスを生み出すことになる。それが言語の謎、とくに意味の謎の形をとる。よく知られているものをいくつか取り出してみよう。

(1) 語とは、（アウグスティヌスが言ったように）個々の対象に記号的指標を貼り付けただけのことか。否、そうではないはずだ。では、語の意味をいかに規定できるか。

(2) 子どもに言葉を教えるとは、その語と対象のイメージとの結びつきを作り出すことだろうか。また、語を「理解する」とは、語によってその「イメージ」が喚起されるようになることか。言葉を理解し、習い覚えることの意味は何か。

(3) 大人が二本の樹を指して「2」というとき、それが「数」を示すことを子どもはいかにして理解するのか。

(4) 「それ」や「これ」という言葉が、特定の対象を指すのではなく、任意の事物を指示できるということを、子どもはいかにして理解するのか。

(5) よく知られた、家を建てる石工と助手との、材料を示す四つの語（台石、柱石、板石、梁石）のみによる「言語ゲーム」。石工の「板石！」という叫びが「持ってきて渡せ」か、それとも「あっちへ持っていけ」かを、助手はいかにして理解するのか。つまり、言葉の「意味」はいかにして規定されるか。

ほかにいくらも取り出せるが、これらの問いが意味するのは、すべて認識―言語、あるいは言語―意味の一致の可能性に対する懐疑である。すなわち現代論理学の前提から出発したウィトゲンシュタインもまた、その探求の中でゴルギアス・テーゼへと近づく。このウィトゲンシュタインのいわば転回《ケーレ》によって、現代言語哲学は一気に相対主義＝懐疑論へと傾くことになる。

カルナップ対クワイン

この事態を象徴するもう一つの例は、厳密論理主義の旗手カルナップ（一八九一―一九七〇）に対する論理相対主義者クワイン（一九〇八―二〇〇〇）の批判である。

カルナップは、一切の言語は「物理的言語」へと、すなわち厳密規定可能な言語に置き換えることができると主張する（「科学の普遍言語としての物理的言語」）。恐ろしく難解な論文だが、中味は、認識（思考）と言語の厳密な一致が可能であることの論証である。

彼は、まずすべての直接経験は言語によって表現されるという前提からはじめる。つぎに、直接経験を表現する言語を、「プロトコル言明」という「物理的言語」の基礎単位へ還元できる、という。これを少しずつ複雑にしてゆくと、一切の直接経験は厳密な言語へと還元されることになる。ウィトゲンシュタインが『論理哲学論考』で試みた、最も単純な事態を「要素命題」に還元し、要素命題の組み合わせによって言語が複雑な事態（＝現実）に対応することを示すという考えの、カルナップ版である。

物理学の方法の根本は、まずすべての物質の基礎単位（最小単位）を確定すること、つぎにこの基礎単位の構成、構造、変化の原因（因果性）を確定して、厳密な記述の体系を作り上げることである。これと同じことが言語においてもなされれば、事象や思考と言語の厳密な一致を確保することができる、というアイデアである。

つぎのカルナップの言葉はその試みを象徴している。「すべての心理学的概念は、そのような種類のある物理的性質を意味する」（前掲論文216頁 竹尾治一郎訳）。言語の厳密な表現において最も困難なのは、いうまでもなく心のありようについての表現である。カルナップは、心のありようは心理（学）的概念へと変換でき、さらに物理的言語へと変換しうる、と主張する。

しかし、ただちに相対主義＝懐疑論からの反論が現われる。それがクワインの「経験主義の二つのドグマ」という論文だ。クワインの主張は以下。

一般に「経験主義」と呼ばれるものには二つの誤ったドグマがある。第一に、分析的真理と綜合的真理を明確に区別できるというドグマ。第二に、有意味な言明は、すべて直接経験を示す論理的言語に還元できるというドグマである。クワインはこの二つのドグマを反論するが、ここでは第一のドグマへの反論を見よう。

「分析的」判断と「綜合的」判断という概念はカントから来たもので、分析的真理とは、たとえば「三角形は三辺をもつ」といった命題は、主語のうちに述語の内容が含まれているので明らかに真だといえる、ということ。綜合的真理は、「シーザーはブルータスに暗殺された」といった、事実それ自体について外部からの検証を必要とするものである。

クワインはいう。「分析的」という概念を詳しく分析すると、暗黙のうちに意味の同義性、必然性、分析可能性といった概念を前提しており、しかも、これらの概念は相互依存的に支えあっていることが分かる。つまり分析的という概念それ自体を自立的に根拠づけることはできない。

こうしてクワインは、カルナップのいう厳密規定の可能性を否定する。
カルナップとクワインの議論の対立は、言語は事象や思考を厳密に表現できるとする立場と、表現できないとする立場との対立であって、ウィトゲンシュタインの『論理哲学論考』と『哲学的探究』の対立と同じである。そしてこの議論の対立は、近代哲学における「主観―客観の一致」問題と完全に同型であり、反対論者はつねに帰謬論をもちいて相対主義的に「不可能性」を論証しようとする、ということも理解できるはずだ。

カルナップの厳密論理主義に対するクワインの反対論証も、自明なものの根拠をどこまでも追いつめていくとその根拠の自明性はあいまいとなる、というギリシャ以来の典型的な相対主義の反対論を踏襲している。しかし、さらに興味深いのは、そもそもカルナップの厳密主義の論証自身が帰謬論に依拠しているということだ。

帰謬論は相手の議論を論理的に問いつめてパラドクスに追い込み、そのことで相手の主張の不成立を論証する。カルナップはいう。多くの哲学者は物理現象と心の現象はまったく質の異なったものだと主張する。しかし、ある人間の経験的言明は彼だけにしか理解できないものだろうか。実際には、誰かの心理的経験を他の人間も理解しており、このことは、どんな言明も絶対的な個別性のうちに閉じられているわけではないことを示している。それゆえ、心の現象と物理現象とは言語的表現においてどこかに本質的な共通性をもつはずである、と。

つまりここでは、心の現象と物理現象との絶対的な交換不可能性という相対主義的主張が、帰謬論的に反証され、そのことで自説が正しいとされているのである。

哲学者たちは、大昔から帰謬論によって自説の正しさを証明するという論法をとってきた（仏教哲学ではとくに発達し、帰謬論証派という学派もある）。しかし、帰謬論はどれほど巧みに論証されようと、相手の説の正しさを「相対化」できるだけで自説の正しさを証明することはできない。相対主義者はつねに帰謬論によって存在—認識—言語の「不一致」を論証しようとする。しかし「自説の正しさ」を証明するには、自説と言語との「一致」を証明しなければならないが、それをすでに否定しているからである。ここには原理的な循環構造があるのだ。

固有名論争

もう一つのよく知られた例は、フレーゲ、ラッセルに端を発する「固有名」の議論である。

ラッセル（一八七二—一九七〇）の記述理論によれば、「アリストテレス」という固有名の「意味」は、「アリストテレスはこれこれの人だった」（ギリシャの哲学者、アレクサンダー大王の教師、プラトンの弟子、『形而上学』の著者……）といった確定記述（真偽判定が可能な記述）の「束」とみなされる。

ソール・クリプキ（一九四〇—）は『名指しと必然性』でこれを批判し、「可能世界」という独自の思考実験をおいて（帰謬論の変形だが）、確定記述の束は厳密には確定されえないことを論証する。クリプキは、確定記述に替えて、物の固有名は、はじめの「命名」と「指示の固定性」によってのみ規定されると主張する（「指示の因果説」）。人々からずっとそう呼ばれ続けていることが名の意味を確定する、という説）。

どういうことか。ラッセルでは、固有名「アリストテレス」の「意味」はその人物の定義の集合として規定される。クリプキでは、固有名「アリストテレス」は、アリストテレス「その人」という交換不可能な事実それ自体を指示するもの、と規定される。ふつうに考えれば、クリプキの考えが自然であり常識にもそっているが、言語の問いは常識の立場からは解決されない。さらにサールやローティなどがクリプキに反論する。そもそも、「指示の固定性」という概念が、「確定記述」（「これは誰それだ」という命題の正しさ）を暗黙に前提しているから、この論証はやはり循環的になる、というのだ。

この固有名の問題は、論理学が言葉の「意味」を厳密に規定できるか、あるいは言語は意味を正しく表現できるかという「言語の謎」の一象徴であって、そのため、現代言語哲学全体を巻き込む大議論となった（パトナム、サール、デイヴィッドソン、デリダ等々）。しかし、結局、どんな結論も出ることはなく、ウィトゲンシュタインのはじめの疑問に差し戻される。

つまり、論理学は名の意味すら定義できないのだから、言語の「意味」を厳密に定義することはまるきり不可能である、と。

現代言語哲学は、論理学を立て直して哲学的な普遍認識の新しい可能性を見出そうという点に、その根本動機があった。しかしこの試みが推し進められると、必然的に帰謬論的な相対主義が優勢となる。そのため現代言語哲学は、一致の不可能性をさまざまな仕方で論証する、「言語の謎」についての壮大な闘技場となったのである。

もう一つ、「決定不可能性」という言語のパラドクスもよく知られている。第一章でふれた「クレタ島の嘘つきのパラドクス」では、嘘つきが「私は嘘つきです」と言った場合、この言明の真偽は決定不可能であるとされる。

現代思想ではこのパラドクスは「自己言及性」などと呼ばれて大いに流行したが、これも言語の意味を一義的に決定できないという帰謬論の一例である。こうした一見馬鹿げたパラドクスさえ、それを論理的に反証することは不可能なのだ。

さて、こういった現代の「言語の謎」も、「認識の謎」の解明によって解かれる。だがいかにしてか。繰り返していうと、そのためにはニーチェとフッサールによる認識問題の解明の根本スキーマが理解されねばならない。

彼らのスキーマは、なによりまず「主観—客観の一致」構図を解体する。これは、「認識と言語の一致」の構図、つまり、「現実—認識—言語」の一致はあるのかという問い自体を解体することを意味する。するとどうなるだろうか。

「言語ゲーム」と言葉の本質

現代論理学の暗黙の前提は、言語の意味の一義的な規定が可能となれば、「認識と言語の一致」は可能となる、というものである。しかし、ニーチェ－フッサールの認識論の解明は、「世界それ自体」の観念を解体することで「現実そのものの正しい認識」という観念を解体し、つぎに「現実－認識－言語」の「一致」の可能性の代わりに、現実と認識の間、認識と言語の間の「確信－信憑」成立の構造をおく。これを言語の問題にそのまま適用することで、ここで見てきた「言語の謎」は解明されることになる。

まず大きな結論からはじめよう。言語のパラドクスが生じるのは、言語を、論理学的な、つまりリテラルな意味の表現として分析するからである。

たとえば、What's the difference? という言葉は、「違いは何であるか」と「何の違いもない」のどちらの意味も示せるが、リテラルには（字義的には）決定不可能である。先の「クレタ島の嘘つきのパラドクス」も同じである。また、ある人間があるときにいう「空は青い」と、他の人間がべつのときにいう「空は青い」は、同じ意味とはかぎらない。このような問題は、論理学的には決して解決できない。

さて、現象学の観点は、言語の本質構造をやはり「確信成立」の構造と捉える。するとどうなるか。ここではその根本スキーマを簡潔に示そう（現象学的な言語の本質論を私は『言語的思考

①企投的意味　②了解的意味

語り手の「意」…………「言語」…………聞き手、読み手の「了解」

適合信憑　　適合信憑

図4-1　言語ゲームとしての発語—受語関係における「信憑・了解」構造

へ』で詳細に分析した)。言語行為における基本的な発語(語ること)—受語(聞くこと、読むこと)の関係を「言語ゲーム」として以下に示すことができる(図4-1)。

論理学者たちは、語り手の「意」と「言葉」の一致、そして「言葉」と聞き手の「了解」の「一致」の可能性を論証しようとする。相対主義者たちは反対に、この「一致」の成立は不可能であることを論証する。しかし両者ともに、「一致」が可能か可能でないかを問題としているのである。現象学の「確信条件」の解明は、この前提を完全に顚倒する。

言語の信憑構造を内省によって洞察すると以下になる。

図中①で語り手は、まだ不明瞭の場合もあるが何かを言いたい(=「意」)。そしてそれを言葉にする。ここで本質的に生じるのは、自分の言葉が「意」を伝えている、あるいはいないという内的信憑である(「適合信憑」)。

図中②で聞き手は「言葉」を受けとり、相手の「意」はかくかくだろうというやはり「適合信憑」を形成する。もちろん間違っている場合もある(会話ではそれを確かめられるが、テクストでは確かめられない)。

これですべてである。現実の言語行為は本質的にこうした構造をもち、この構造のうちで意味のやりとりが生じる。

デリダのよく知られた「作者の死」の理論を見てみよう。書き言葉（エクリチュール）では、①の部分が完全に消滅しており（作家の死と呼ばれる）、したがって読み手は必然的に「言語」（テクスト）だけから、すなわちテクストが示している言語記号の差異の網の目からのみ、意味を受けとる。じつは話し言葉（パロール）の場合でも同様で、聞き手は自分の了解が正しいかどうかを確かめることはできるが、人間は嘘をつけるから絶対的に正しいかどうかは検証できない。したがって、およそ言語行為においては、原理的に「意」と「言葉」と「了解」の厳密な一致はありえないとデリダは言う。

しかしデリダの主張は、「一致」の図式を前提とした不可能性の論証であって、言語の意味の本体論である。ニーチェ－フッサールの観点からは、言語行為で生じているのは、すでにみた信憑構造である。

たとえば建物の門の横に「東京大字赤門」という立て札があると、ほとんどの人は、何かの具合で「東京大学赤門」がそうなったのだと了解（信憑）する（文字の一部がはげ落ちた）。作者が分からない場合でも、われわれは、「言葉」があると認識すれば、誰かが何かをいわんとしていると考え、言葉からその意を信憑－了解する。つまり、語り手の「意」へと向かう信憑志向のない「言語ゲーム」は存在しない。このことが第一の結論である。

第二の結論は、このことによって「言語」というものの本質が明らかになる。

誰かが「今日の空はじつに青い」という。この言葉は分節された音声記号である。一つ一つの語、「今日」「空」「じつに」「青い」は、それぞれの「一般意味」（辞書的意味）をもっている。しかし、語り手の「意」は、それをつなぎあわせた「一般意味」ではない。

聞き手は、友だちがそう言うのを聞き、彼は失恋したので「空の青さが空しくて心にしみる」といいたい、と信憑‐了解する。この信憑は勘違いの場合もあるが、コンテクストの中で問題なく確信として持続する。一方は自分の「意」が受けとられたと感じ、他方は相手の「意」を受けとったと感じる。この相互の適合信憑によって間主観的な「意」の信憑が成立する。

ここで語り手と聞き手は、言葉を介して、受けとって欲しい、あるいは受けとりたい「意」をやりとりしている。言語ゲームにおいて生じているこの「意味」を、「一般意味」と区別して「企投的意味」と呼ぶことにしよう（企投は、投げかけの意味）。つまり、言語ゲームにおいて成立しているのは、「一般意味」を媒介とした「企投的意味」の間主観的な信憑‐了解ということである。ここに、言語ゲームとしての「言語」の本質構造が示されている。

「意味の謎」を解明する

このスキーマによって、現代思想が陥っている「意味の謎」のアポリアもただちに解決する。まず固有名（アリストテレス）の議論。

固有名「アリストテレス」は、この人物のすべての、真偽判定が可能な述語の束として確定されるというラッセルの説が意味するのは、ちょうど「リンゴ」という語が、バラ科の果物、形状、色、種類のあること、栄養素などを含んでいるように、固有名「アリストテレス」という語は、この人物を表示するすべての一般意味を含んでいるということだ。

これに対するクリプキの反論はこうだ。たとえば誰かが「あの家にはアリストテレスが住んでいる」と言うとき、聞き手は「アリストテレス」という語を、その名が示しうる「一般意味」の集合としてではなく、「アリストテレス」という名の特定の人物を指示するものとして了解しているはずだ、と。

クリプキは言葉の企投的な意味を示唆している点では正しい。だが「指示の固定性」の理論は今みたような言語の本質を捉えているわけではない。「アリストテレス」という語は、実際の言語ゲームでは、そのつどの関係的コンテクストに応じて、ある場合「ギリシャの哲学者」として、また別のときには「アリストテレス大好き人間」のこととして、また「同名の一般人」として、またその他さまざまな概念的「意味」として信憑‐了解される。つまり固有名は、特定の誰かを指示することもあれば、その概念を意味していることもある。そして、どちらであるかはただそのつどの関係のコンテクストにおいてしか決定できないのである。

ウィトゲンシュタインは、「語の意味はその『使用』である」と言っているが、この言は、言語ゲームのなかで言語の意味は多様な「信憑」の構造をもちうる、という意味で受けとられねばならない。だが、ウィトゲンシュタインのこの示唆を本質的な仕方で理解している言語哲学者は、私の知るかぎり見出せない。認識問題の解明という発想が存在しないからである。

現実の言語行為(言語ゲーム)では、「話し手」は、言語の「一般意味」を用いて、自分の「意」を届けようとし、「聞き手」はこの「一般意味」から、相手の「意」つまり「企投的意味」を了解しようとする。言語を「一般意味」(字義的な意味)として分析するかぎり、言語の本質は捉えられない(『言語的思考へ』で私は、このリテラルに解釈された言語を、「一般言語表象」と名づけた)。

「クレタ島の嘘つき」のパラドクスも同様である。「私は嘘つきだと嘘つきが言った」は、この言葉を字義通りに、つまり一般意味としてとるかぎり、嘘ともほんとうとも決定できない。だが、よく考えてみよう。じっさいの言語行為では、われわれは誰かの言葉を字義通りに理解することは決してない。人が実際にこのような場面に出会ったとして、このクレタ島人の言葉を理解不可能だと思う人はいない。「この人は何か気に入らないことがあって自分の島びとを悪くいいたいに違いない」とか、その他コンテクストに応じて、自分なりにこの言葉を了解する。

すなわち、現実の言語行為では、「思考」と「言語」は「一致」の関係ではなく(それは意味の本体論である)、本質的に「信憑‐了解」の関係なのである。

「同一性の謎」を解明する

現代分析哲学における「言語の謎」は、「意味の謎」とともに「同一性の謎」についてのおびただしい議論を生み出した。人間は誰であれ、子供↓青年↓大人↓老人と肉体も精神も変化してゆくが、この場合人間の「同一性」の根拠を何に求めればよいか、そう問われると簡単には答えられない。つまり、現代哲学では「意味」の同一性の問題とともに、「事物」「ことがら」の同一性も一つの「謎」となる。

たとえば、ウィトゲンシュタインはいう。「物はそれ自身と同一である」という命題は「美しい」が、しかしこれほど「無用な」命題はない（『哲学的探究』165頁 黒崎宏訳）。あるいはまたいう。誰かが「赤い」というとき、この「赤い」は、他の人間の「赤い」と同一か、それともその人間だけの「赤い」なのか、と（同前189頁）。

あるいは、第一章で触れたさまざまな同一性の謎がある。ジョン・サールが解明を試みた、素材がすべて入れ替わってしまった「テセウスの船」の謎。デイヴィッドソンが考案した、雷で死んだ男と、入れ替わるように生成したスワンプマンは同一人物かという謎。チャーマーズが考案したゾンビの謎。哲学的に生み出されたこれらの議論に加え、幼児が成長して大人になったとき両者は同一人物といえるか、という先の問いもそうだ。

だが、現代哲学の議論は、こうしたパラドクスを示すだけで何ら決定的な答えを与えない。これら「同一性の謎」については、ニーチェの「力相関性」の概念だけがその正しい理解を与える。つまり、主体の観点の相関性だけが「同一性」を決めるのだ。

テセウスの船は、所有者が誰かという観点からは「同一」だが、物理的素材の観点からは「同一」でない。スワンプマンや哲学ゾンビの「同一性」は、人格あるいは人間としての同一性を前提しているが、これは向き合った他者の「信憑」（これはたしかに同じ人間だ）だけがこれを決定する。「幼児―老人」の同一性は外的には他者の承認というほかないが、内的には当人の記憶の持続性がその最終根拠である。総じて「同一性」の謎は、「同一性」ということを本体として考えることから現われる。ニーチェ的にいえば、「同一性」それ自体なるものは存在しない。それは、「意味」自体、「価値」自体が存在しないのと同様である。

二　現代思想の背理

ジャック・デリダ、ミシェル・フーコー、ジル・ドゥルーズに代表される現代ポストモダン思想は、哲学というより、ポスト・マルクス主義としての社会批判思想であり、その反哲学の主旨にそって、ポストモダン哲学とは呼ばれない。

ポストモダン思想には大きな功績がある。マルクス主義の中心理論とその権威が崩壊したあと、現代国家と資本主義のさまざまな矛盾に対する批判の、ほとんど唯一の受け皿の役割を果たした。

しかしその理論の根本は哲学的相対主義であり、それゆえに、この武器によってあらゆる権力と支配システムを批判したが、これに代わるどんな具体的な社会構想も示せなかった。ポストモダン的相対主義を方法的後ろ盾とした「社会構成主義」も同様である。

もともとポストモダン思想は、哲学的認識問題に関心をもったわけではなく、反形而上学と反独断論（反ヘーゲル－マルクス主義）の立場から、厳密で普遍的な認識など存在しえないという相対主義のテーゼを主張したのである。その代表格のデリダの「脱構築」の概念は、まさしく現代のゴルギアス・テーゼというにふさわしい。

デリダのフッサール批判

デリダには、フッサール現象学への批判書である『声と現象』があり、フーコーには近代哲学の全体的枠組みに対するやはり相対主義的批判書、『言葉と物』がある（ドゥルーズの代表作『差異と反復』は、むしろ世界の根本存在についての検証不可能な形而上学的哲学である）。

デリダのフッサール批判『声と現象』は、現象学を厳密な認識の基礎づけの試みとして、つまり「形而上学への野望」として批判する。『声と現象』を読む者はまずその難解さにとまどうだろう。しかし、内実は、ゴルギアス・テーゼにおける、とくに「認識と言語の一致」の不可能性の論証を、韜晦《とうかい》的話法で複雑にしたもので、議論の要点はきわめてシンプルである。以下に整理してみよう。

(1) デリダによれば、フッサールの厳密認識の根拠づけの理論は、「思考と声」との一致の根拠づけをその基礎とする。その根本テーゼは、「意味」の本質は「純粋な自己＝触発」として「自分が語るのを‐聞く」こと（170頁）にある、とされる（フッサールの『論理学研究』や『内的時間意識の現象学』が扱われているが、『イデーン』には言及なし）。

(2) この「思考と声」の一致の保証を、フッサールは時間における絶対的な「今」（「点的な今」）の確定によって支えようとする。だが絶対的な「今」は存在しないことを論証できる（このデリダの論証はゼノンの時間の詭弁論とほぼ同じ）。

(3) 思考と声の一致の根拠は証明されないそれゆえ厳密な認識の基礎づけは不可能である。

ここまで論じてきたことからも明らかだが、デリダの批判は二重に誤っている。

第一に、フッサールの狙いは厳密な認識の基礎づけにあり、それゆえ存在と認識の「一致」を論証している、という前提がまず誤りである。見てきたように、フッサールの認識の謎の解明は、「一致」の証明ではなく対象の存在確信の構造の解明なのだが、このことをデリダはまったく理解していない（この誤解はポストモダン思想のみならず言語哲学にも通有である）。フッサールを自力で解読せず、一般通説にそって理解しているのである。

第二に、デリダによる、「絶対的今」は存在しないという批判は、ベルクソンのいう「時間を紐のように表象する」通俗的な時間表象によっている。つまり、時間という紐を今の点でぷっつり切れば、時間は過去と未来に分かれて「今」はどこにも無くなる、といっているにすぎないからだ。

フッサールの時間論は、対象知覚の確信構造の構図参照）で見たように、あくまで意識内における「今」の確信がどのような条件で構成されるかについての洞察であって一致の論証ではないのだ。フッサール時間論およびそれへのデリダの批判の誤謬について私は、『現象学入門』や『欲望論』『言語的思考へ』などでも詳しく論じたが、デリダ擁護の反論はまだどこにも現われていない。

同一性の思考への批判

フーコー（一九二六―八四）の『言葉と物』はどうか。フーコーはいう。近代哲学における「認識の謎」は、近代以降「人間」なるものがはじめて認識対象として登場したことによって生じた。近代の学問（知の営み）は近代以降、「生命」「労働」「言語」「無意識」という、人間を対象とする認識領域を拓いた。それは、どこまでも人間を、ある確定されるべき「同一性」として認識しようとする試みだった。しかしこの試みには本質的な不可能性があり、この不可能性こそが近代の「認識問題」を浮かび上がらせた、と。

《近代の思考は、もはや〈相違性〉のけっして完成されることのない形成にではなく、つねに完遂されねばならぬ〈同一者〉の解明にむかう思考だからだ。ところで、こうした解明は、〔略〕後退《と》回帰、思考《と》思考されぬもの、経験的なもの《と》先験的なもの、実定性の領域に属するもの《と》その基礎をなすものの領域に属するもの、というその「と」のなかにある、わずかだが克服しえぬあの偏差、そうしたものなしにはおこなわれないであろう。》（『言葉と物』361頁　渡辺一民ほか訳）

フーコーによれば、近代以降の思考は四つの大きな知的主題を浮かび上がらせる。順序を時間順に即していえば、以下になる。

(1)　実定的領域（＝実証主義的領域）と有限性についての思考
(2)　経験的なものと先験的なものについての思考
(3)　コギトと思考されぬものについての思考
(4)　起源の後退と回帰についての思考

ここで想定されているのは、(1)コントからマルクス主義へいたる実証主義的な学、(2)カントの先験的（超越論的）哲学とフッサール現象学、(3)フロイト以降の深層心理学、そして(4)ハイデガー存在論である。

近代の学問全体についての壮大な鳥瞰図だが、フーコーの主張の要点もここまでと同じで、これらの学的領域のどれもが厳密な普遍認識を目ざしたが、この試みは原理的に不可能だということにある。つまり、マルクス主義の〝絶対的に正しい世界観〟、現象学の〝厳密な認識の基礎づけ〟、フロイトの心理の深層の把握、ハイデガーの「存在」の根源的根拠（存在の真理）、これら絶対的な認識への探求の試みはすべて挫折する運命にある、と。

フーコーの示す不可能性の議論はなかなか華々しい。まず、最も根源的なものへの遡行不可能性、つぎに「経験的なもの」と「超越論的なもの」の間の架橋不可能性。また、「見るもの」（メタレベル）と「見られるもの」（オブジェクトレベル）の認識論的差異。こういう概念設定が現代的なのだが、しかし議論の核心は、やはり「存在」と「認識」の、「認識」と「言語」の一致の不可能性を、新しい意匠で言い換えているだけだということが理解できるはずである。

最後に、フーコーは、近代の学問の人間認識の試みは「同一性の思考」であり、それは近代という「権力的」システムの暗黙の意志なのだ、という結論をつけ加えている。しかしここにもまた大きな顚倒がある。近代社会が人間に対する巨大な支配と選別、排除のシステムであるというフーコーの「表象《イメージ》」は、部分的には正しいが、歴史的観点からは完全に誤った表象《イメージ》である。

なぜなら、近代以前の世界では強大な絶対支配のシステムだけがあり、自由と人権はどこにも存在しなかった。近代哲学が創り上げた近代社会の構想だけが、人間的自由の余地を徐々に拡大してきたのである。問題はむしろ、近代の思想ではなく、認識問題を解明できず、そのため現代資本主義の矛盾を克服するための普遍的な社会思想を構想できない現代思想のほうにある。

「時間の謎」を解明する

すでに触れたアウグスティヌスの「時間の謎」の問いはつぎのようだった。われわれはなぜ、「いま」存在しない「未来」や「過去」を「ある」と言うのか、また、過ぎ去る音を捉えられないのに、ある長さをもった音楽を体験できるのか。これらもまた「認識の謎」にかかわる。

近代哲学において時間の謎を解こうとした試みの第一人者は、アンリ・ベルクソン（一八五九―一九四一）である。彼は、およそ時間の謎は、われわれが時間を空間的に（たとえば一本の紐のように）表象することからきている、という。そこで彼は、このパラドクスを解決するために「純粋持続」という独自の概念をおく。デリダの批判論のところで触れたが、時間を一本の紐のように表象してはいけない、むしろある流れの持続（たとえば川の流れのようなもの）としてイメージせよ、というのだ。

これは優れたアイデアといえるが、しかしあくまでイメージ的な解決といわざるをえない。ベルクソンはいわば時間と空間の存在の特質の違いをうまく言い当てたのだが、時間の謎の本質は、後にみるように人間における実存的な時間性と客観的な時間性の二重性にあり、彼の解法は、このことの明確な理解にまでは及んでいないからである。

時間についてベルクソンの考察をさらに推し進めたのはハイデガーである。ハイデガーは時間の謎をアポリアと考えてこれを解明しようとしたわけではないが、『存在と時間』で実存論的観点からの「時間」の本質についての考察はきわめて優れたものだ。

ハイデガーによれば、ふつうわれわれは時間を空間とともに客観的な存在とみなしているが、じつは時間とは、人間の「実存」という存在のあり方に固有のものであり、人間および動物だけが時間のうちを生きる。ここからハイデガーは実存的時間と客観的時間を本質的に異なったものとして示す。時間の本質に迫るためにはこの考えが決定的に重要なのである。

これはちょうど言葉の「意味」の本質が、リテラルな分析からは把握されず人間の企投的な行為という観点を置くことではじめて把握されるのと似ている。ハイデガーの時間論の核心は時間を実存論の観点から見るという点で、極めて独創的なものだ。ただし彼は「認識問題」の解明ということには興味をもたず、そのため、「時間の謎」の本質が「認識の謎」や「存在の謎」の解明とつながるものであることを自覚的には示していない。

では、「認識の謎」の解明の観点からは、時間の謎はどう解かれるだろうか。

時間の謎はその変奏形がいろいろあるが、根本的には、「時間が存在する」と、「事物／事態／ことがらが存在する」というときでは、その「存在する」の内実が本質的に異なっている。だがわれわれはこの存在本質の違いを十分に自覚できないために時間の謎が現われるのだ（過去や未来はいま存在していないのに、いまわれわれは、過去や未来があるという）。

端的にいえば、時間は、さまざまな事物や事象の存在を可能にしている何か（存在）だが、事物的存在ではない。つまり事物の存在と時間の存在は、そのカテゴリーが違う。時間を紐のように捉える通俗的な時間表象も、異なった質をもつものを混同しているのである。

では時間の存在の本質をどう言えばよいか。すでにわれわれはニーチェの「生成としての世界」という概念を見てきた。つまり、生き物が主体として生きている世界こそがさまざまな存在者（事物、事象）を可能にするものである。「生成の世界」は生き物が意識をもってたえず世界と対象を分節している磁場なのである。この絶えざる「世界の生成」こそが、時間性というものの本質なのである（実存的時間）。

これを、およそ一切の存在者はただ実存的時間のうちでのみ可能になっている、ということができる。こうして、存在者の存在と時間の存在とはまったく異なったものであり、後者は前者の可能性の条件なのである。

たとえば、ゼノンやデリダがそうしたように、「今」を客体的な存在として捉えてそれを特定しようとすれば、半分に切られた紐のように絶対的な「今」は存在しないものとなる。しかし、客体的なものとしてではなく実存的な磁場としては、絶対的な「今」とは持続する実存的意識の流れそれ自体であり、この持続のうちで、他の事物とともに「過去」も「未来」も存在しうるものとなるのである。

ハイデガー、「存在の謎」に挑む

現代哲学において「存在の謎」を解こうとする存在論哲学を掲げたのは、ほかならぬハイデガーである。『存在と時間』において彼は、自分の哲学ははじめて「世界はいかに存在するか」ではなく、「そもそも存在とは何か」と問う、と宣言した。いわば「存在の真理」の究明のマニフェストである。だが話はそう簡単ではなかった。

すでに触れたように、ハイデガーは自らの存在論哲学の根本方法は現象学であるといいながら、フッサールの根本方法から離反して「存在の真理」を問う独自の道を開こうとした。ハイデガーのいう「存在の真理」とは、ひとことでいえば、一切の存在するもの（存在者）の存在を可能にしているもの、つまり「一切の存在者の根源的な存在根拠」が何であるか、と問うことを意味する。しかしこの「存在の真理」がいったいどんな方法で問われるのかといえば、ハイデガーの方法はきわめてあいまいである。

ヨーロッパ哲学では、あらゆる存在者の根源的な存在根拠を問うという試み（存在論哲学）は、まったく存在しなかったわけではない。たとえばアリストテレスは、一切の存在の根源的原因（目的因）として「不動の動者」（神）をおいたし、ヘーゲルでは、「世界自体」が運動する精神という本質をもつ実体的存在、つまり「絶対者」とされた。さすがにハイデガーでは、ヨーロッパ的な「神」の概念は持ち出されないが、その議論はひどく紆余曲折している。

彼はいう。存在論哲学の最終目的は「存在の真理」をつかむことである。しかしそのためには、まず人間の「存在の意味」を捉えねばならない。人間だけが「存在とは何か」を問いうる存在であるからだ。つまり存在論哲学は、第一に人間存在（実存）の本質の把握。第二にこれを基礎として「存在の真理」へ接近する、という二段階の道を進まねばならないとされる。

『存在と時間』は、その大部分が第一の人間存在の本質についての問い、つまり実存論哲学の基礎づけにあたるが、ここでのハイデガーの洞察は独創的かつ哲学的原理に満ちている。まず彼は人間の「実存」の本質を、現象学的な「本質観取」の方法を駆使して問い進める。人間の実存は、ここで①情状性、②了解、③語り、という三つの本質契機において捉えられる。

単なる事物と生き物（動物）との存在仕方の最も大きな違いは、生き物が欲望や感情という「気分」のうちを生きている点にある（情状性と呼ばれる）。つぎに動物と人間との大きな違いは、人間が自分の存在のありようをたえず自覚的に了解し、自己の存在を配慮しつつ（気遣いつつ）生きていることにある（了解）。さらに人間は言葉によってつねに自分を了解しつつその了解を他者と交換しあって生きている（語り）。

ハイデガーの人間存在の哲学は、近代哲学史の中においてもヘーゲルの人間哲学以来の大きな達成といえる。ハイデガーは自分の人間分析を「本質観取」と呼ばず、「現存在分析」と呼んでいるが、形而上学的な仮説によらず、本質的な内省を通して人間の「実存」の本質を取り出す方法は、完全に現象学の「本質観取」の方法と重なっている。ただし、『存在と時間』はこの人間存在の本質の洞察で未完となり、その後ハイデガーは、「人間存在の本質」ではなく「存在の真理」の探求へと進む（「転回《ケーレ》」と呼ばれる）。

後期ハイデガーが、「存在」の問いを、《なぜ一体、存在者があるのか、そして、むしろ無があるのではないのか？》（『形而上学入門』11頁 川原栄峰訳）という問いに変換し、これを哲学における最も根源的な問いであると主張したことはよく知られている。だが、このハイデガー存在論の道すじは、哲学的に大きな問題を抱えることになる。

「転回」以後のハイデガーの「存在の真理」の探求は、誰にも理解できない深遠、難解な秘教的テクストとなり、後期ハイデガー哲学についての適切な解説もほとんど見られない。「存在の真理」についての謎めいた予言的テクストだけが延々と積み重ねられてゆくからだ。

私の考えをいえば、「人間存在の本質の洞察」から「存在の真理の探求」へ向かうという展望のうち、前者はきわめて大きな成果をあげたが、後者の主題については、ハイデガーはそこへアクセスするための根本方法を見出すことができなかった。その理由も一言でいえる。存在の謎にアクセスするには認識の謎の解明が不可欠だが、ハイデガーはこのモチーフをフッサールから受けとらなかった。そのため、ハイデガーにして、「誰も存在を論証できない」というゴルギアスの難問を克服できず、その「存在」の探求の試みは、「本体としての存在の探求」となったからである。

ハイデガーの存在思想は、ハイデガー自身が示唆しているように、ギリシャ哲学における「存在の謎」の探求、アナクシマンドロスやヘラクレイトス、パルメニデス、アリストテレスなどの探求の現代バージョンである。だが後期のハイデガーのテクストでは、一切の存在の究極的根拠にいかなる方法で接近しうるかについての方法論がどこにも書かれていない。

ここで「存在」は、「語りえぬもの」、認識や言語化も不可能なものとみなされ、人はただ「存在」の声に聴き従うことができるだけだとされる。つまり、後期ハイデガーの存在思想は、「存在」の神秘思想（形而上学*）となっているのである。

哲学における「存在の謎」は未解決のまま、ハイデガーまで生き延びた。さらにこの事態は、ポストモダン思想後の哲学ニューエイジである、「新・実在論」にまでそのまま引き継がれている。

新・実在論① メイヤスーの論駁

現代哲学は、近年、「存在の謎」にかかわる新しい哲学を生んだ。ヨーロッパの最新の哲学潮流とされる「新・実在論」の哲学（思弁的実在論や新しい実在論などと呼ばれるが、総称して「新・実在論」と呼ぼう）で、カンタン・メイヤスー、マルクス・ガブリエル、グレアム・ハーマン、レイ・ブラシエ、イアン・ハミルトン・グラントといった新世代の哲学者たちである。

この新しい哲学潮流が興味深いのは、現代哲学の相対主義が、すべての認識を相対主義的なものとみなした後、もう一度、「世界」の存在それ自体をどう考えればよいかについての、新しい思弁的格闘が見られるからだ。ここで「存在の謎」はどういう形をとっているだろうか。

まずメイヤスー（一九六七―）の主張を見よう。新・実在論派に共通するのは、基本的に反相対主義＝懐疑論の立場に立つ点である。ただ、メイヤスーは「相対主義」といわず「相関主義」の語を使う。本書で論じてきた「相対主義」とほぼ等しいが、われわれの文脈では「相対主義」と「相関主義」は異なった意味をもつので、混乱を避けるために違いを明確にしておこう。

カント、ニーチェ、フッサール、ハイデガーは、認識論上の「相関主義」、つまり「感性・悟性相関性」「力相関性」「意識相関性」「気遣い相関性」の構図である。それぞれにおいて世界は、認識装置、欲望（力）、意識、「気遣い」に応じて分節的に現われ出る。そして重要なのは、これらはいずれも普遍認識のための方法として立てられた「相関主義」であって、ゴルギアス・テーゼが象徴する普遍認識の不可能性を主張する相対主義とは本質的に対立的であるということだ。

＊ **「存在」の神秘思想（形而上学）**　アタナシオスは「言（ロゴス）の受肉」で次のように書いているが、ハイデガーの存在思想には、「存在」を善とし「無」を悪とする中世キリスト教思想との響きあいが、はっきり認められる。

《実に、存在せぬこと〔訳者注：無〕は悪であり、存在することは善である。〔訳者注：存在するものは〕存在する方である神によって成ったものだからである。〔略〕実際、人間は本性に即して死ぬべきである。存在しないものから成ったからである。》（『中世思想原典集成 精選1 ギリシア教父・ビザンティン思想』257頁 小高毅訳）

しかしメイヤスーではこの区別が明確ではない。そこで、われわれはこの言葉を区別して使い、メイヤスーを引く場合には〈相関主義〉のように括弧をつけることにする。

メイヤスーの主著と目される『有限性の後で』は、ヨーロッパ哲学に長く続いてきた哲学的〈相関主義〉への反駁がその中心動機をなしている。メイヤスーはいう。ヨーロッパ哲学では〈相関主義〉は、カントの「物自体」の概念からはじまって観念論哲学の土台をなし、ニーチェを経由して、現代哲学（ポストモダン思想やハイデガー）にまで続いている。だが、哲学における〈相関主義〉の蔓延は普遍認識の可能性を否認し、その結果は「任意の信仰主義」にまで行きつく、と。

彼の主張を最もよく示すのは「任意の信仰主義」というキーワードである。哲学における〈相関主義〉はかつてキリスト教的形而上学への対抗として強い力を発揮したが、それは現在、逆説的な仕方で、「任意の信仰主義」というべきものとなった。〈相関主義〉はことがらの絶対的な根拠というものを否認し、すべての主義や主張の根拠を等価なものとなすからである。

《このように思考が宗教的になること――根本的に懐疑論的な議論によって逆説的にもたらされる――を、私たちは、理性の宗教化［*enreligement*］と呼ぶことにしたい。〔略〕今日、哲学はあたかも、外的信仰の圧力の下でではなく、神学の婢としてではなく、自律的に思考しているかのようであるが、しかしいまや哲学は、任意の神学および無神学のリベラルな婢であろうとしている。絶対者は、形而上学の領野から離れた結果、無数の破片に砕け散って、知の観点から何でも正当化されうるさまざまな信仰になってしまったように思われる。》（『有限性の後で』83頁 千葉雅也ほか訳）

この主張が、少し前まで隆盛を誇ったポストモダン思想における全般的な相対主義への対抗であることは明らかであろう。現行の一切の制度や権威には根本的な根拠がないとするポストモダン思想の社会批判は、たとえば原理主義的な別の社会批判と自らを明確に区別する根拠をもてない。批判者が自らの批判の根拠の正当性を示せないとき、どんな批判もそれぞれの「信仰」（信念）として同列化される。

メイヤスーの新しい「思弁的実在論」の核は、哲学的相対主義が排除した「世界の実在性」（つまり本体性）を思弁的に擁護するという試みにある。その議論はかなりこみ入っているが、核心的な部分を取り出して要約してみよう。

たとえばメイヤスーは、「死後の世界は存在するか否か」という仮想的問いをおき、これに対する可能な哲学的答えをすべて列挙して詳細に検討する。大きく三つの答えが考えうる。

死後の世界がどうであるかについて、まず三つの独断的推論が可能である。①魂の永続（古代的魂不滅論）、②「無」（唯物論）、③精神（観念）のみが現実存在し、世界の客観存在はない（独断的観念論）。

ここに〈相関主義者〉（相対主義者）が登場し、三つの推論はどれも等価であり、それゆえ正しい答えはないとする（これはカントのアンチノミーでの、対立する根本推論は等価であるとする議論とほぼ同じである）。一見、相対主義者の主張に論理上の優位があるように思えるが、メイヤスーによるとそうではない。

なぜなら、相対主義者が三つの独断論を反駁できるのは、世界の存在がどんな可能性ももつという前提においてのみである。つまり、相対主義者が一切の推論は相対的であって等価だと主張するとき、暗黙のうちに、世界が絶対的に「別様である可能性」、三つの推論のうちのどれでもありうるという可能性を前提している。言いかえれば、世界の存在が絶対的に偶然であることを暗々裡に認めているということである。したがって、相対主義者といえども世界の一切の偶然性ということが、「絶対的必然性」をもつことを認めていることになる。

メイヤスーのこの議論は、懐疑主義をその極限にまで追いつめることで決して懐疑できないものを取り出したデカルトの論法と似ている、と言えるかもしれない。この思弁的議論によってメイヤスーは、いわば「相対主義」の論理を追いつめて世界の存在についてのある「必然性」を取り出しているからだ。さてしかし、メイヤスーによる相対主義への論駁は妥当だろうか。

先に触れているように、相対主義に対する論駁はすでにさまざまな仕方で存在する。カントのアンチノミーがそうであるし、ヘーゲルにも本質的な「スケプシス主義」（懐疑主義）批判がある。現代哲学で代表的なのはウィトゲンシュタインのそれである。

《懐疑論は論駁不可能なのではない。というより、問うことのできぬところに疑いをはさもうとするゆえに、それはまぎれもなくナンセンスなのである。なぜなら、疑いがなりたちうるのは、問いがなりたつときにかぎり、問いがなりたつのは、答えがなりたつときにかぎり、答えがなりたつのは、なにごとかを語りうるときにかぎるから。》（『論理哲学論考』198頁 藤本隆志ほか訳）

ウィトゲンシュタインのこの反相対主義の議論は、しばしば他の哲学者にも使われている。ヒューバート・ドレイファスは『コンピュータには何ができないか』の中で、カール＝オットー・アーペルは、「知識の根本的基礎づけ」という論文の中で、ほぼ同じ主旨の批判を行なう。

《哲学的な言語ゲームを含むすべての言語ゲームに関して、次のように言うことができるであろう。すなわち、不可疑的な範型的明証性に訴えることにより十分に基礎づけられうる、ということが前提されていなければ、言語ゲームという枠組みのうちで、懐疑や批判は有意味ではありえない、と。》（「知識の根本的基礎づけ」218頁 宗像恵ほか訳）

要するに、相対主義者はどんな主張も普遍的な根拠をもちえないと主張するのだが、およそ言語で何かを主張することのうちには、少なくとも何かが確実であるとする前提があるはずであり、これは矛盾だから無効だというのである。こう見ると、実在論を「世界の偶然性と必然性」についての思弁論によって擁護しようとするメイヤスーの議論は、形式は新しいが、相対主義に内在する背理を指摘する論証という点でまったく新しいものとはいえないことが分かる。

ただし、世界の実在的な「本体」については、じつはどんな相対主義者も暗黙に認めているのだというメイヤスーの直観は、ニーチェ、フッサールの認識問題解明の観点からみても重要な理をもっているといえる。そのことは後に明らかになるだろう。

新・実在論② ガブリエルの戦略

「新しい実在論」を主張するマルクス・ガブリエル（一九八〇―）についても、ひとこと触れておこう。彼もまた相対主義批判という点ではメイヤスーと共通する。たとえばガブリエルでは、ポストモダン的相対主義を批判の武器とする「社会構築主義」への批判が強く押し出されている。

だが議論の焦点は、メイヤスーのように相対主義の思弁的な論駁による実在論擁護ではなく、むしろ「存在」についての新しい概念を提示することで、哲学的相対主義と哲学的独断論の双方を批判することにその力点がある。ガブリエルの「存在」概念を「意味の場」の存在論と呼ぶことができる。

《何かが意味の場に現われているという状態、それが存在するということである》（『なぜ世界は存在しないのか』76頁 清水一浩訳）

《意味の場の存在論は、こう主張します。およそ何かが現象している意味の場が存在するかぎり、何も存在しないということはなく、そこに現象している当の何かが存在している、と。》（97―98頁）

「存在」を、物理的な実在性としてもまた主観内の「現象」とも見なさず、ただ「意味」の存在性として措定する。すると、相対主義と独断論の双方から距離をとることができるという戦略である。ガブリエルは、哲学が長く相対主義と独断論の対立として続いていたこと、この袋小路を抜け出る必要のあることについては自覚的である。しかし彼が提示した「存在論」を、認識論あるいは存在論上の観点からニーチェとフッサールによって示された「原理」と比べると、とうてい新しい「原理」を提示しているとは言えない。

まず、ここでは認識問題はまったく解明されていない。「認識の謎」の解明、すなわち「本体論の解体」なしに新しい「存在論」を立てようとすると、ここまで見てきたように、相対主義的な反形而上学の主張となるか、思弁的な形而上学となるかのどちらかの道しかとれないのだ。ガブリエルは、一方で相対主義に対抗して社会構築主義（＝社会構成主義）を批判し、もう一方では、メイヤスー的実在論、また現代の心脳一元論的な実在論を批判する。そのために「意味の場の存在論」という独自の概念を提示するのだが、これは明瞭な哲学原理とはいえず、両方の道を避けようとするための一つのアイデアの域を出ていない。

「意味の場」の存在論という概念を出すのであれば、ガブリエルは、様々な存在者（対象）は人間の「気遣い」に応じてその存在意味として開示されてくるというハイデガーの実存概念、あるいは、言葉の意味は人間の企投的な言語行為の中ではじめて生成するというウィトゲンシュタインの「言語ゲーム」の概念を一歩超え出る、自らの原理を提示すべきであった。

しかし意味の場の存在論の概念は、ハイデガーとウィトゲンシュタインの概念の「折衷」的像しか結んでおらず、両者の原理からむしろ後退している。「存在」とは「意味」であると言い切るのでも、「意味」の本質を洞察的に取り出すのでもなく、ただ「意味も存在である」という言い方によって、完全には相対主義にも実在論にも属さない、という立場を選んでいるのである。

「存在の謎」の解明

現代哲学は、長く続いた相対主義的主張を批判して、ようやく「存在」の問題をもう一度根本的に思索しなおそうとしているように見える。しかし見たように、新・実在論は、「認識の謎」

の解明を含んでいないためにこの問題にアクセスするための本質的な原理をまだ見出してはいない。

ここでわれわれは、第二章の最後においた哲学の謎の最後の問い、「存在の謎」の解明という主題に踏み込むことにしよう。

問題をもう一度整理するとこうなる。哲学がその長い歴史の中で提示してきた「存在の謎」、つまり、世界はそもそもどのような存在なのかという問いは、いくつかの中心をもっている。アリストテレスは、ギリシャ哲学で考えられたすべての「存在」の問いを総括して、「四因」の概念にまとめた。質料因、形相因、動因、目的因である。ここでは存在の問いは、事物の基礎単位と形式性（構造）の問い（質料因と形相因）、生成変化（事物を動かすもの）の根拠についての問い（動因）、そして世界は何のために存在するのか、という世界の存在理由の問い（目的因）、に集約される（つけ加えると世界の全体についての問いもある）。

こう見ると、ハイデガーのいう哲学における最も根源的な問い、《なぜ一体、存在者があるのか、そして、むしろ無があるのではないのか？》という問いは、これらの問いの全体を総括して、一つの問いに置き直したものといえる。「そもそもなぜ存在があるのか」という問いは、四つの「原因」をすべて含む「一切の存在の存在根拠」の問いだからである。

だが問題は、こうした根源的な問いに哲学はどのような方法でアクセスできるか、ということなのだ。あるいはむしろこの問いは、ゴルギアスがいうように、そもそも原理的に答えようのない問いだろうか。

じつのところ哲学は、東西を問わず、この「存在」の問いに対して伝統的に「形而上学」(物語＝神話)の方法を用いてきた。宗教の世界創成神話はそのプロトタイプであり、アリストテレスの「不動の動者」やヘーゲルの「絶対精神」もこの形而上学に属する。メイヤスーやガブリエルの哲学は存在論を含むが、思弁によって世界の存在のありようを思索するという点で、これも存在についての思弁的な形而上学といえる(現代分析哲学にもその流派がある)。

私はここで、ニーチェの「本体論の解体」とフッサールの「認識論の解明」が、「存在の謎」に、形而上学的ではないどのような答えを与えうるかを、読者に示そうと思う。

ニーチェはヨーロッパの伝統的な「本体論」、世界それ自体の存在という観念を解体した。単に「世界は存在しない」と主張したのではない。この主張はニーチェの「力相関性」の構図から必然的に現われたものであり、その構図が意味しているのは、第一に、「世界」とは、根源的に、つまり客観的な存在である前に、個々の生き物によって生きられている「生成の世界」(生世界)であるということだ。もう一度ニーチェの認識論の根本構図である、「力相関性」(欲望－身体相関的)スキーマを見て欲しい(図4－2)。

この「力」(＝生き物の欲望－身体)相関性」スキーマは、認識論的な重要性のみならず、きわめて重要な存在論的意味をも含んでいる。ここで、それぞれの生き物は自分の欲望・身体に相関してそれぞれの「世界」を分節し、その世界のうちを生きる。全知の存在者はいないので、世界

図 4-2　ニーチェの欲望・身体相関的世界スキーマ

の本体についての完全な認識という概念は消滅する。さらに、世界は、それぞれの生世界としてのみ存在し、「物自体」としての世界は、何者によっても経験されず生きられない世界であって、そのような世界は現実に存在する世界とは言えない。

それゆえ世界それ自体という概念もまた消去される。これが「本体論」の解体である（ガブリエルの「世界は存在しない」は、「存在」の概念を変形しているだけで、このような認識論的本質からいわれているのではない）。

ニーチェの力相関性スキーマは、世界の存在の明証性（動かしがたい確信）は、ただそれぞれの生き物の「生世界」においてのみある、ということを告げる。一方、フッサールの「間主観的」な共同的確信という観点からみれば、人間は他者をもち、言葉によって互いに自分の「生世界」（実存世界）を交換し合う。そしてまさしくこのことが、われわれが「客観世界」の存在についての不可疑な信憑（世界確信）をもつことの根拠なのである。

つまり、ニーチェとフッサールの観点からは、「世界の存在」は、間主観的な信憑としてのみ構成される一つの「想定されたもの」としてその本質を示す。

さて、しかしこのことによって、世界それ自体の存在は完全に消去されることになるだろうか。ニーチェとフッサールの認識論的な「転回」は、世界を存在しないものとして証すのだろうか。もちろんそうではない。

「存在の謎」についてニーチェの「本体論の解体」とフッサールの世界の信憑構造の考えから帰結するのは、むしろつぎのことである。第一に、本体論の解体は、世界の根本的起源と根拠についての一切の形而上学を解体する。この世界の存在自体は、決して認識の対象ではなく、本質的にただ想像（想定）の対象なのである。第二に、にもかかわらず、それぞれの生き物の「生成」の世界だけが存在するという考えからは、次のような逆説が現われる。

われわれは、ハイデガーの存在と無についての問いを以下に変換できる。それぞれの生き物は自分の固有の世界を実存する。しかしこの実存があるからには、無ではなく、生成の世界を可能とする「何ものか」が存在するのでなくてはならないと。おそらくここに、「存在の謎」の最後のステージが現われる。

この最後の「存在の謎」は、フッサールの「認識問題の解明」によってはじめて解かれる。

まず、ニーチェはいう。真に存在するのは「生成」としての生世界のみであり、本体としての世界はどこにも「存在しえない」と。しかしこれは「世界は存在しない」というゴルギアス・テーゼに帰着しない。現象学の観点からは、世界の存在は認識されないというにすぎず、われわれにとって、むしろその現実存在は本質的に「不可疑」なのである。

ゴルギアスがいうように世界の存在は証明もされず、それゆえ認識されえない。しかしその理由は、それが認識の対象ではなく、想定としての対象だからである。しかし同時に、われわれは、生の世界を可能にしている「原存在」としての世界を決して疑うことができない。そしてこの世界の存在の不可疑性は万人にとって普遍的な信憑構造であって、どんな相対主義＝懐疑論も論駁できない。たとえ、どんな頑固な懐疑論者であれ、実際は世界の存在を信じているし、この信は任意の信ではなく不可疑の構造としての信なのである。フッサールはそれを次のように書く。

> 《現象学的観念論の唯一の課題と作業は、この世界の意味を解明することにあり、正確に言えば、この世界が万人にとって現実的に存在するものとして妥当しかつ現実的な権利をもって妥当しているゆえんの、ほかならぬその意味を、解明することにあるのである。世界が存在するということ、世界が、絶えず全般的な合致へと合流してゆく連続的な経験において、存在する全体宇宙として与えられているということ、このことは、完全に疑いを容れない。けれども、生と実証的学とを支えるこの不可疑性を理解し、その不可疑性の正当性の根拠を解明することとは、これはこれでまた全く別種の事柄であろう。》（『イデーン I-I』32頁 渡辺二郎訳）

最後に一つだけつけ加えねばならないことがある。世界における何らかの「原存在」の存在は、われわれの「生世界」の根拠として絶対的な不可疑性をもつ。つまり、「自然世界の実在」は人間にとって完全に不可疑なのである。こうして、われわれが「生世界」を生きているという現実自体が必然的に要請する、世界の存在についての根本的な想定‐信憑を、私は「原存在信憑」と呼ぶ。

哲学における「存在の謎」、すなわち、世界の全体はどうなっているか、世界の存在理由が何であるか、世界の究極目的が何であるか、また、そもそもなぜ世界が存在するのか、といった問いは、世界の「本体」はそもそも認識の対象ではないが、しかし世界の現実存在はわれわれにとって不可疑であるという「原存在信憑」の概念によって終焉すべきものとなる。哲学が問うべきは、「世界の本体」ではなく、この観念を必然的に生み出す人間の「生の世界」の本質とは何かという問いであることが明らかになるからである。

だが最後にもう一つ重要なことが残っている。それは、この原存在信憑が成立するのはただ「自然世界」においてのみであり、それゆえ、「本質領域」の世界では「本体」は完全に解体されねばならないということだ。

本質‐意味‐価値の世界の本体はどこにも実在しない。それはわれわれ人間の世界においてのみ創り出される、関係的な意味‐価値の世界だからだ。まさしくこの領域において、ニーチェの

「本体論の解体」とフッサールの「確信構成の構造」の考え方は決定的な意義をもつのである。

以上で三つ目の謎である「存在の謎」が解けたが、読者は理解しただろうか。次章では、いま「本体が解体されるべき」とした「本質領域」で、いかにして普遍的認識が可能となるかを考えてみよう。

第五章
本質観取とは何か

一　本質観取と言語ゲーム

ヨーロッパ哲学の宿痾《しゅくあ》というべきアポリア、「認識の謎」に続いて、「言語の謎」と「存在の謎」も解明された。だがその帰結をどう考えればよいだろうか。まずそれは、現代哲学における独断論‐形而上学と相対主義＝懐疑論との不毛な議論の対立を終わらせる。だが、このことは哲学の問題をすべて解消するわけではない。この対立の背後にあったのは哲学の普遍認識の可能性の問いであり、「認識の謎」の解明は、この問いに新しい道を開くのでなくてはならない。

「認識の謎」の解明が示したのは、世界の本体は存在せず、それゆえ世界は存在しないといった思弁的逆説ではない。むしろ、この解明からわれわれが取り出すべきは、哲学の普遍認識の問題においては、「事物の領域」（あるいは事実の領域）と、意味-価値を担う「本質の領域」とをはっきりと区分すべしという根本原則である。そして、哲学の探求の本義は、明らかに、この「本質の領域」、つまり人文領域において普遍認識を探求することにある。

本質学のマニフェスト

フッサールは、『ヨーロッパの学問の危機と先験的現象学』で、この問題について重要なマニフェストを行なっている。

現象学の根本課題は主観―客観の一致の不可能性の難問を解くことだったが、そもそもこの題の解明の目的は、哲学の普遍認識の理念を回復することにあった。この理念は哲学本来のものであり、近代になってガリレイが基礎づけた、「自然の数学化」という方法による自然科学の方法の確立によって大きな可能性を与えられた。自然世界の客観認識の確立が、人文領域における普遍認識の可能性をも予感させたからだ。しかし近代哲学は認識の問題を十分に解明できなかったために、人文領域における普遍認識の方法を基礎づける試みは成功しなかった。

そこに十九世紀後半、オーギュスト・コントによる「実証主義」の宣言が現われる。人文領域における学問の普遍性は、自然科学の客観認識の方法を適用することによって打ち立てることができると。つまり、世界の普遍認識についての新しい実証主義的信仰が現われたのだ。

だが、この試みもまた挫折の道をたどった。フッサールは言う。実証主義は人文領域における「事実学」(人間社会を客観的な事実として認識しようとする学問の態度)の徹底化を意味する。しかし、この科学的世界観は、哲学本来の「人間」の意味の探求という課題を不可能なものとする。《単なる事実学は、単なる事実人をつくる。》(『ヨーロッパの学問の危機と先験的現象学』364頁 細谷恒夫訳) やがて生の意味を教えることができない実証的「学」への不満は、とくに、第一次大戦後、若い人々に拡がった。「この人間の生存全体に意味があるのかないのか」という切実な問いに、実証主義の方法を基礎とする「人文科学」は答えられなかったからだ。

さらにフッサールはいう。もし学問が客観的に確定できるものだけを「真理」と認め、歴史や社会の土台となる人間の理想や規範が相対的なものとして時代の中でつかのまの波のように消えゆくものであるなら、人間の理性の努力、哲学の営みはそもそも無意味なものではないだろうか、と。

《いつも理性は非理性へと転じ、善行はわざわいになるというようなことを教えるにすぎないのであるならば、世界と世界に生きる人間の存在は、真に意味をもちうるであろうか。われわれは、こういうことで満足できるであろうか。歴史的できごとが、幻想にすぎない高揚と、苦い幻滅のたえまのないつながり以外の何ものでもないような、そういう世界にわれわれは生きることができるであろうか。》(同前365頁 細谷恒夫訳)

ここには、ナチス支配下の非理性の時代を生きたフッサールの、苦い哲学体験がこめられていることを忘れてはならない（晩年のフッサールは、ユダヤ人であるという理由で学問活動を禁じられる）。哲学は単なる「事実学」ではありえない。すなわちそれは、人間と社会の「善悪」や「正しさ」の普遍的な公準へと迫りうる「本質学」でなければならない。だが、いかにしてそれは可能だろうか。

こうした前提から、フッサールは、『ヨーロッパの学問の危機と先験的現象学』において、人間や社会の領域の普遍的な「本質学」の構想をマニフェストする。

自然科学における客観認識の方法を人文科学（社会科学を含む）へ適用するという考えは、認識問題を見過ごしたために、哲学の理念の「空洞化」ということを引き起こした。つまりここに「意味の本質」の顚倒ということ、「生活世界」と「理念世界」（学的世界）における「意味」の根源的な顚倒と呼べるものが生じた。すなわち「生活世界」は主観的で相対的な観点の領域にすぎず、学問世界こそが客観的かつ真の世界を捉える領域であるとみなされた。

しかしじつは「生活世界」こそ人間が生きる根本領域、つまり人間的な意味の関係が形成される場であり、あらゆる学問は本来ここに学的認識の「妥当性」の基礎をもっている。現代の実証主義的学問はこのことを完全に忘れ去り、哲学もまた普遍認識の可能性に挫折している。かくして、哲学の「根源的建設」が必要であり、現象学は「生活世界」の領域の普遍的な本質学から出発し、それを展開して人間や社会の領域の普遍的な学へと向かわねばならない……。

フッサールの「本質学」の理念は、学問というものを普遍的な認識とみなすかぎり、現代の人文科学者たちによって真剣に受けとられるべきものだった。このマニフェストは、現代の人文科学が、普遍的、客観的な認識の方法的基礎を失っているというフッサールの告発だったからだ。しかし、フッサールのこの提言が人文科学者たちに受け止められた形跡はない。

ちみなに言えば、フッサールの「生活世界」の概念は、ユルゲン・ハーバーマスや現象学的社会学を標榜するアルフレッド・シュッツ、またニクラス・ルーマンなどによって援用されている。しかしここでも、フッサールのいう「本質学」の概念が正しく理解されているとはいえず、人文領域における普遍的な本質学というフッサールの構想は受け継がれてはいない。

その理由はいくつかある。第一に、先に見たように、そもそも現象学が哲学の普遍認識の問題を解明する学であるという理解がヨーロッパではほぼ存在しなかったこと。さらに、哲学の主流が分析哲学、ポストモダン思想という相対主義へと移り、普遍認識や客観認識を建て直すという考えが敬遠され忌避されたこと。

一方で人文科学のアカデミズムは、相対主義的主張に反論することもなく、実証的研究こそが科学の名に値するとしてそれぞれの主張を行なっているが、驚くべきことに、諸理論の対立や乱立という状況の根本的理由はそこでは問われることなく完全に放置されている。

ともあれ、われわれは、ニーチェとフッサールによる「認識の謎」の解明という達成を踏み台として、哲学の中心主題である人間や社会の領域における普遍的な「本質学」としての哲学を展開できるだろうか。展開できる、と私はいおう。

「本質観取」とは何か

人間、文化、社会の領域、つまり人文領域における普遍認識の試みははたして可能か。この問いについて三つの答えがありうる。

第一に、この領域においても「科学」の実証主義的方法だけが普遍認識を可能にする、といういわば素朴な「実証主義」信仰。

第二に、この領域ではそもそも普遍認識などありえず、それはむしろ危険である、と主張する現代相対主義。

最後に、フッサールの「本質学」による普遍認識の方法。

この中でなぜ唯一「本質学」だけが、人文領域における普遍認識の方法となりうるのかについて、まず大きな輪郭を述べよう。

「自然科学」の方法が、自然世界についての「客観認識」を可能にした理由については、すでに述べてきた。「自然の数学化」がその答えである。自然の秩序を数学的に記述すること、このことで自然の秩序は、万人に「同一の秩序」として共有される。

では、人文領域の秩序は何によって万人に共有されるもの、つまり普遍認識となるか。ある人々は厳密な論理学によって、と考えた。それが現代の論理学主義だったが（フレーゲ、ラッセルなど）、この論理学主義もまた挫折した。論理学の本質は「言語の数学化」にあるが、事物の秩序は数学化できても、意味と価値（＝本質）の秩序は厳密な数学化が不可能だからである。

では、意味や価値の秩序は何によって共有可能なものとして秩序化されうるか。フッサールによれば、その根本方法が「本質観取」にほかならない。

「本質観取」の方法は、基本的には、認識問題の解明のために内在的意識における事象の確信形成の構造を観て取るための（内的洞察の）方法である。したがって、現象学が「確信成立の条件の解明」として理解されなければ、つまり「構成」や「ノエマ」の概念が正しく理解されなければ、「本質学」という理念も適切に理解されえない。

フッサールでは、「本質観取」の方法が人文領域における普遍認識の可能性を与えるのだが、なぜそういえるのか。フッサールによる「本質観取」の具体的な遂行の例をみながら、この可能性について考えてみよう。

『イデーン』での「知覚」の本質観取の遂行を、つぎのように概括できる。われわれが「知覚」（像）と呼んでいるものの特質は以下とされるが、これはとくに、記憶（像）や想像との比較において観取されている。

(1) 像の顕在性……ありありと見えていること。想起の像や想像はぼんやりしている。

(2)像の「到来性」……「到来性」はフッサールに適当な用語がないため私が考案した。知覚像は、目を閉じるか視線を変えるかしないかぎり消失せず、所与されつづけること。
(3)「地と図」という構図……「地と図」はメルロ＝ポンティの言い方で分かりやすい。フッサールでは「顕在的」な中心と「非顕在的」な背景、という言い方がされる。
(4)地平性……つねに「私」を中心にして視覚野が拡がっており、また必ず地平の限界をもつ。

なにより重要なのは、ここに取り出されているのは、単に意識内で生じていることの描写ではなく、対象の確信形成の本質構造であるということだ。言いかえれば、対象の像がこうした条件、構造において意識に与えられるなら、われわれはそれを「知覚」(視覚)像とみなすこと、さらに言えば、知覚像が所与されるとわれわれはその対象を、「現実存在」する対象として確信せざるをえないということ。そしてこの「確信の構造」は、誰にとっても妥当するはずだ、ということである。

われわれはいま、知覚とは何か(どのような内在的体験をわれわれは知覚と呼んでいるか)、についての本質観取の例をみた。ここで観取された知覚体験の特質は、表現は別にして、ほとんど対立の余地なく誰もが納得できるものであることが理解されるはずだ。言いかえれば、本質観取は、さしあたり、知覚や記憶といった心的事象についての広汎な共通了解を言語化する方法なのである。

だが、いま本質観取の対象をさらに複雑な事象へと移すとどうなるだろうか。たとえば、「不安」とは何かといった人間の情動のありようについても本質観取は成立するだろうか。

ハイデガーによる不安の本質観取

ハイデガーが『存在と時間』で人間実存についての優れた本質観取を行ない、それを情状性、了解、語りという三契機として取り出したことはすでに触れた（ただし、ハイデガーは本質観取という言葉を使わずに現存在分析という言葉を使っている）。そこでは情状性、つまり「気分をもつこと」が現存在（＝人間）の第一の本質とされたが、さらにハイデガーは「不安」の気分を人間の「根本情状性」と呼び、その本質観取を行なっている。

ハイデガーによる考察はほぼ以下である。「恐れ」（Furcht）は、たとえば強盗や病気、台風などという対象をもつが、「不安」は「恐れ」と違って明確な対象をもたない。不安の対象はいわば「世界そのもの」である。不安の主体は人間自身であり、不安の内実は、われわれの実存可能性（よりよく生きられること）に対する不安である。

また、不安の気分の本質は、「不気味さ」（Unheimlich）の気分、慣れ親しんで安心している世界から引き離されるという情動にある。そのことから「不安」を追いつめると、その最も底には「死の不安」があることが分かる。「この世界」における存在可能性それ自体を奪われるおそれ、それが不安の気分の最も奥底に潜んでいる。

ここからハイデガーはさらに進んで、「死の不安」に焦点を当てる。死の不安が差し迫るとき人間は日常的な世事から切り離されて「単独化」される。こうして不安は、われわれを「平均的な居心地のよさ」の世界から引き離し、人間の存在の根底にある「寄る辺なさ」を露呈するものである……。

ハイデガーの「不安」の本質観取は卓越した範例の一つだが、これが「本質観取」といえる理由は以下である。

第一に、ここで不安の本質は、外的な知識や情報に依拠せず、ただ自身の内的経験への内省だけから洞察され観取されているということ。第二に、他の情動である「恐れ」と対照しつつ、その特質が取り出されていること。このことで、何が「不安」の本質と言えるかについて、誰にも納得される形で記述されていること。第三に、誰であれ、ハイデガーの内省による洞察を自分の内省によって追検証できるということ。

最後に、これがとくに重要だが、ハイデガーの洞察が不安の本質の最後の結論というのではなく、誰もが自分自身の内省によって不安のより深い特質を、これにつけ加えてゆくことができるということだ。

繰り返すと、この最後の点は、普遍認識の方法としての「本質観取」の概念を理解するためにとくに重要である。いまこのことを少し別の角度から捉え直してみたい。

本質観取と言語ゲーム

本質観取は、そもそも「認識の謎」の解明のために、対象の確信構成の構造を観取する方法である。しかし、これはそもそも哲学の基本方法、つまり哲学の「言語ゲーム」の方法を原理化したものと考えることができる。

「言語ゲーム」は、ウィトゲンシュタインの『哲学的探究』に現われる概念だが、その主旨は、言語の「意味」は、「言語」に内在するものではなく人間どうしの言葉のやりとりの中で、相互の関係的な了解性として生成する、という点にある。そして、すでに私はこの概念を、哲学の方法の「原型」を示すものとして援用した。これを図で示すと以下になる（図5－1）。

「哲学のテーブル」では、まず「探求されるべき問い」、たとえば「世界とは何か」といった問いが示される。この「とは何か」という問いは、「あることがらの本質を誰もが納得できる言葉によって説明せよ」ということを意味する。哲学者は何らかのキーワード（原理）をおいてこの「本質」を示そうと試みる。つまり哲学の原理とは、どのような言葉が「ことがらの本質」をもっともうまく説明できるかを求めるものであって、何が真理であるかを示すことではない。

さて、すると「哲学のテーブル」がいかにして「科学のテーブル」となったかについても、簡潔にいうことができる。

象徴的にいえば、「科学のテーブル」は、まずはじめに哲学のテーブルで提示された「水」や

哲学の基本方法

①問題を設定する

②原理となる概念（キーワード）を置く。「水」「空気」「火」など

③置かれた「原理」から、最も妥当なもの、最も説得力のあるものが選び出される

④テーブルの周りには、さまざまな価値をもった、多様な人々が集まり、原理を判定する

図 5-1　哲学のテーブルにおける開かれた言語ゲーム

「火」などの「原理」を、一つの「仮説」として扱う。そしてこれを実際に自然事物に働きかけて検証するのである。つまり「科学のテーブル」では、自然を対象とする観察・実験・測定のための装置、技術が存在する。この事象の観察・測定の技術を進歩させてゆくことが科学の方法の特質であり、その命である。

ここに哲学と科学の方法の大きな違いがある。哲学では、自分の経験が中心的な素材であり、哲学者はこれを内省してことがらの本質を洞察する。科学はこの洞察（仮説）から出発して、その仮説を観察、実験、測定によって自然に働きかけて試すのである。いうまでもないが、この観察・測定は、誰もが納得するような結果を導く技術でなければならない。

しかし、科学の歴史の進みゆきが明らかにしたことは、科学の観察と測定の方法は、事実（事物）の領域ではきわめて優れた客観認識を生み出すが、これを人文領域にそのまま適用することはできない、ということだ。

たとえば、「認識の謎」を解くためには、われわれ自身の内在意識における「確信構成の構造」を把握しなければならないが、この構造は実験装置によっては捉えられない。各人の内省による内的な洞察を「言葉」に置き換え、これを各人の間で（間主観的に）吟味してどういう言葉が誰にも納得できるものとなるかを確証するほかはない。「情動」や「不安」の本質も同じである。あるいはまた「恋」や「美的なもの」、「善」や「悪」の本質は何か、といった主題もそうだ。こうした「本質領域」の探求では、自然科学の実証的方法は役に立たず、われわれは、各人の経験の内省的洞察を方法とする哲学のテーブルに戻るしかない。

さて、ハイデガーの「不安」（あるいは死の不安）の本質観取の内実は、まさしくそのような仕方で哲学のテーブルの上に示された「本質」、つまり、「自己の存在可能性を失う恐れ」「単独化」「一回性の自覚（後述）」などの「キーワード」である。それは実証主義的な探求の方法では把握できない、われわれの中で現に生きられている不安の本質の「いい当て」なのだ。

たとえば、フロイト心理学では、「不安」とは、自らの心身に対して生じうるダメージ（外傷）を事前に察知して、これを防衛するために「自我」が発動する防衛機制とされる。さらに、人間の不安は、総じてエディプス・コンプレックスに生じる去勢不安にその源泉をもつとされる。示唆深い点もないわけではないが、この考えは、不安の情動を自我というシステムの一機能（メカニズム）として説明する点でどこまでも一つの仮説であり、確証されえず、他の仮説との対立を避けることができない。

こうして、本質観取という方法は、たとえば「不安」という内的な体験の核を、どのような言葉が、誰もが納得できる仕方でよく表現するかを間主観的に探し出す言語ゲームだ、ということが理解できるだろう。繰り返すと、哲学のテーブルは開かれた「言語ゲーム」であり、それゆえ何か最後の「真理」が提示されるわけではない。だから、ハイデガーによって示された重要なキーワード（原理）を、われわれは普遍的な納得を創り出すかぎりでさらに展開することができる。

いまこれを試みてみよう。

「不安」の本質観取を展開する

ハイデガーでは、不安の底には「死の不安」が潜んでいるとされる。これはなるほどと思わせるが、しかしつぎのようにも考えられる。身体にかかわる不安はたしかに死の不安とつながっている。だが、試験に落ちるかもしれないという不安や、ほんとうに愛されているかどうか不安だ、といった場合、この不安は、直接死の不安につながるものではなく、いわば自分のよりよい実存の可能性を脅かすような不安である。すると、不安を、死につながる「存在不安」と実存の可能性にかかわる「自我不安」とに区分することができる。

かなり高齢でないかぎり、ふつうは「死は遠い」ので、むしろ自我不安のほうが中心的ともいえる。自我不安は、自己の実存の条件がより否定的な状態へと転化することへの「恐れ」といってよい。もう一つ自我解体の不安（精神的障害など）もあるが、これは稀なケースだ。

ハイデガーでは、「不安」は「死の不安」に繋がり、死の不安は人間を日常的な配慮から切り離して実存の一回性を自覚させる契機とされる。「死の不安」ではたしかにそういえる。しかし、一般的な「不安」は、むしろわれわれをさまざまな日常的配慮へと促す当のものだ。

たとえば、学生が宿題をしてくるのは、先生との約束というより、周りからどう思われるかという一種の「不安の気分」に押されるからである。もしそういう不安の情動が生じなければ、ほとんどの学生は宿題をしないだろう。また、借金をしても不安が生じなければ、誰も返そうとしないかもしれない。

こうしてつぎのようにいえる。およそ、われわれが日常生活でさまざまなことを配慮し、行為したりしなかったりするその根本動機をなすのは、一方で「エロス的可能性*」（エロス的予期）であり、もう一方で「不安」という情動である、と。「希望」と「不安」という二つの情動は、人間の「生活世界」における実存可能性一般の根本契機なのである。

さて、いま私は、ハイデガーの不安の本質観取をもとにして、これをさらに展開してみた。そして、不安は必ず「死の不安」につながっているわけではなく、「自我の不安」というもう一つ

＊ **エロス的可能性**　ここでの「エロス」は、生き物がもつ、対象に引きつけられる「力」、あるいは対象が生き物を引きつける「力」一般を指す。プラトンでは、性的なものだけではなく、美や善に対する人間の希求も「エロース」と呼ばれる。

の重要な契機をもつこと、さらにそこから、「不安」は、「エロス的可能性」（希望）と並んで、人間の日常的な自己配慮の根本動機をなす「情動性」であることを見出した。

ここで注意すべきは、こうして展開された不安の新しい本質観取は、しかしハイデガーによる不安の本質観取と対立しこれを否定するものではない、という点だ。むしろそれを包括し、より普遍的な「本質」（それを表わす言葉、キーワード）へと展開されるとき、その本質観取は妥当性をもつといえるのである。

たとえば、フロイトとユングの深層心理学仮説、また深層心理学と実証的心理学の全体仮説は完全に背立的であり、必然的に信念対立的な構図を作り出す。宗教的な教説や形而上学的な理説も同様であって、「物語」的な方法を基礎とするために対立が避けられず、それ以上進むことができない。哲学の方法はそうした対立を避けて、思考をより普遍的なものとしてゆくための方法であり、そのために「物語」を使わず「原理」（キーワード）を展開してゆく言語ゲームなのだ。そして「本質観取」の方法は、こうした哲学の方法をその原型としているのである。

二　本質観取のさまざまな事例

なつかしさの本質観取

本質観取の方法のさらに分かりやすい実例を示してみよう。ここで取り上げるのは、二十年以上前に私のゼミの卒業論文として書かれた「なつかしさの本質観取」という論である（深谷敬太郎一九九四年度明治学院大学国際学部卒業論文）。誰もが理解できる本質観取の方法のたいへん優れたモデルになっているので、要点を掻い摘みつつパラフレーズしてみる。

はじめに、「なつかしさの対象」。なつかしさを喚起する対象は、主として過去の記憶と結びついた出来事や対象、つまり場所、ある時期、人、物、言葉、感覚（匂いや味覚）などである。つぎに、「なつかしさ」には、総じて、記憶の多層的な重なりによる全体性がある。たとえば、「友だちと遊んだ／楽しかった」という記憶では、一方で、個々の遊んだ場面の重なりがあり、他方で、楽しかった諸感情の重なりがある。このためその記憶は、明確なある場面やある感情の記憶ではなく、それらがからまりあった一つの総体的な記憶像としてある。

また、出来事の記憶は必ず薄れてゆくが、これを「記憶風化」と「質風化」に区分できる。記憶風化は、記憶の細部の消失である。いわば写真の部分が少しずつちぎれてなくなるように細部がなくなるが、しかし出来事の核は失われずに残る。質風化は、ちょうど写真が時間がたってセピア色に変色するように鮮明度が失われること、つまり「ありあり感」の消失である。

では、「ありあり感」とは何か。たとえば「きらいなもの」を食べるとき、その「まずさ」はいやでも「止まってくれない」。逆に好きなものを食べるとき、そのおいしさは「加速してはくれない」。つまり外的感覚が「コントロールできずに、向こうから一方的にやってきてしまうこと」、これが「ありありとした感じ」の内実といえる。

さらに、「なつかしさ」には何らかの「非日常性」がつきまとっている。その理由を考えてみる。記憶の質風化によって「ありあり感」は消失する。しかしこの場面への肯定感は、そこでのからまりあった「感情」を増幅する。この肯定的な感情の増幅によってわれわれは「昔のことをありありと思いだす」と言うのであって、この「ありあり」は知覚的な像の「ありあり」とは違う。さらに、一方ではこの感情の増幅による「ありあり」があり、他方で、記憶風化と質風化によって、この記憶には「もはや経験されない」という喪失感がともなっている。この喪失感と取り戻し不可能の感覚が、なつかしい記憶の「非日常性」をもたらしている。こうした「非日常性」の感覚は、その記憶に対する強い哀惜の感情を増幅するように思える。

また、なつかしさの感情には強弱（強度）がある。それは喚起する対象の内実以上に、感じる人の現在の心の状態にかかわる。つまり「信号」より「受信機」が問題なのだ。現在の自分の生活が生き生きして充実しているとき、「なつかしさ」は減衰する傾向がある。逆に自分の生活に不足や欠落感があると、ある対象の「なつかしさ」の感情はより強度を増すように思える。

「なつかしさの意味」（本質）は何だろうか。大きくいえば、ある哀惜の感情をもって自分が生きた生の「時間の経過」それ自体を感じることでないだろうか。過去の感情の「生き生きした」ありようが、いまでは消失して決して取り戻せないという感覚をともない、このことが自分の生の「時間の過ぎ去ったこと」「過ぎ去った時間性」を強く感じさせる。肯定的なものとしてあった自分の生の一局面が過ぎ去って戻らないこと、それが生の時間の経過を強く実感させること、こういう時間への肯定的な哀惜の感覚が、「なつかしさ」の本質ではないだろうか――。

さて、この論文は本質観取の方法の重要な原則を見事に完備していることが分かる。どんな外的なデータや情報にも依拠せず、自分の感情的（内的）経験の内省のみから「なつかしさ」の核心が記述されており、またその洞察がきわめて適切に概念化されている。とくに「記憶風化・質風化」の概念、「ありあり感」「出来事と感情の多重性」「肯定感の喪失」などの分析は卓抜であり、最後の「なつかしさの意味」の洞察にもきわめて説得力がある。

論者は、最後に以下のような「むすび」を置いているが、本質観取の方法のエッセンスを象徴するような文章である。

《とにかく、自分の頭の中にある「感じ」だけをたよりに、〈なつかしさ〉を言葉にしようとしたのであるが、最初に「これはうまく取り出せたな！」と思っても、その先を書いているうちに「いやまてよ、さっきのはいまいちだな」などと感じてきて、書き直しつつもその先を書く、ということが幾度もあった。しかし、そのような行ったり来たりを繰り返しながら、最終的にはある程度納得のいくものが書けたと思う。特に一番苦労した「〈なつかしさ〉と非日常性」のところを書き終わったときは、頭の中のもやもやがすっきり言葉になったようで非常に気持ちがよかった。そして、今回は〈なつかしさ〉であったが、どのようなものでも、頭の中にはその「答え」がはいっているんだな、ということを実感しました。》

医療の本質学

日本では、フッサールの「本質学」および確信構成の方法としての「本質観取」の概念を人文領域に自覚的に取り入れた先駆的な学的研究が徐々に現われている。日本の救急医学を臨床医学の一分野として確立した草分け的存在でもある行岡哲男の著作『医療とは何か』はその優れた範例である。その第三章は、「医療を哲学する——現象学と言語ゲームを手がかりに」と題されている。

行岡は、これまでの事実学的（実証主義的）体系だけではなく、なぜ医学の考えとして現象学の本質学的方法が不可欠であるかについて、以下のようにいう。

現在の医学体系は、当然とはいえ、その実証主義的本性からデカルト以来の主観—客観認識図式を強固な前提としてもち、「正しい判断」（＝「正しい診断」「正しい治療法選択」）が事前に存在して、医療者はいかにこの「正しい判断」に達することができるか、という考え方が支配的である。しかし実際の医療実践においては、主観―客観図式はきわめて不合理であるだけでなく、危険でもある。《二〇世紀医療の最大の問題は、医療界そして社会もデカルト的真理観による「正しい判断」を、医療現場で〔略〕使用し続けたことにある》（98頁）。なぜか。

医療は、大きく、症状→診断→最適な治療法の判断・選択→施療→結果というプロセスをたどる。一般には、医師は症状や検査結果から正しい診断、最適な治療を選択し、これを施療して病気を治すと考えられている。しかし、複雑な病状では、診察・検査から一義的に「正しい判断」を導けるということは稀である。医師が実際に行なっているのは、症状→「正しい判断」ではなく、症状→「正しいと確信する判断」、つまりこれまでの経験とデータに照らして、こう判断するのが最も妥当で適切だという「確信」の形成である。

また、高度な手術などの場合には医療チームが形成されるが、そこでは主治医が独断で「正しい判断」を下しているわけではなく、チームのメンバーたちが意見を出しあいつつ、これが最も妥当で適切だといういわば間主観的な「確信」を創り上げるという作業を行なう。このような医療実践の場面では、主観―客観図式にもとづく、これこれの症状の場合はこれこれの病気でありこれこれの施療が正しい、という考え方は妥当とはいえず、むしろ言語ゲームを通した「共通確信の形成」という現象学的構図が不可欠である、と行岡はいう。

「正しい判断」が事前に存在し、医療者はそれを正しく探し当てねばならない、という考え、医療の主観―客観図式は、さまざまな点で不合理を生み出す。つまりこの考えは、診断や施療の

「正しさ」「適切さ」を、つねに治療の結果（成果）に還元する（結果によって判定する）。しかし、実際には、事前の判断は、その時点で医療者がもっている経験とデータという条件からみて、そのつど最善と思える判断の共通確信を創り上げることでなければならない。実際の治療では（とくに救急や緊急手術の場合には）、「正しいと確信する判断」の形成こそが遂行されているのだが、にもかかわらず、医療の理論はまだ主観―客観図式以外の基礎理論をもっていない。

《「正しい判断」の呪縛から医療を解き放ち、「正しいと確信する判断」に基づくルールを整えて、より良きものへと練り上げ、鍛え上げ創りかえることが必要です。本書では医療のパラダイムシフトの大枠をこのように捉えているので、現象学と言語ゲームが必要となります。

医療のパラダイムシフトの必要性が差し迫ったのは二〇世紀最後の四半世紀ですが、希望をつなぐ新たなパラダイムの芽が医療現場に現れたのもこの時期です。》（111頁）

行岡が提唱する「正しいと確信する判断を形成する言語ゲーム」としての医療実践の考えは、チーム医療のみならず、医療の全体、患者、家族、治療者、看護師という当事者たちの最善をめがける本質的な言語ゲームに適用されうる。それだけではない、行岡のいう本質学的な「言語ゲーム」の概念は、医療のみならず、さまざまな社会的実践領域への適用可能性を示すという点できわめて大きな意義をもつ。

さまざまな実践領域とは、医療、看護、福祉実践など、いわゆる質的研究と呼ばれる領域、さらに教育や法曹などがあげられる（審理には事前の絶対的な「正解」は存在せず、最も妥当な判断の条件が問題となる）。さらに、たえざる改善や合理性をめがける一切の公共的な実践領域について、本質学的な「言語ゲーム」の考えは、その理論的な基礎をなすべきものとなる。

エロティシズムの本質

われわれは「本質観取」という方法の大まかな輪郭を確認してきた。つまりそれは、「物語」を使わず、ことがらの本質を「キーワード」（原理）として提示し、開かれた人々の納得によってこれをテストする「哲学の方法」を源泉とし、それを「原理化」したものだった。このことは、優れた哲学には、ほぼ例外なく卓越した「本質観取」の方法が見て取れるということでもある。すでにハイデガーの「不安」についての本質観取をみたが、べつの例を挙げてみよう。

ここで挙げたいのは、ジョルジュ・バタイユ（一八九七—一九六二）による「エロティシズム」の本質についての洞察である。

バタイユによれば、人間の（あるいは男性の）性的欲望は、動物のそれとは大きく違う。動物の性欲はつまり性「衝動」にすぎないが、人間の性欲は、異性への性衝動が美的なものへの欲望という形式をとるが（男性の場合）、しかも単なる美的対象への欲望ではない。男性にとって美的対象としての異性は暗黙に禁止されたものであり、またある意味で聖化されている。エロティシズムとは、この禁止された美的なものを（一時的に）侵犯することのエロス、つまり人間に独自の「幻想的エロス」である（『エロティシズム』）。

バタイユは、これをまた実存の孤独（不連続性）に閉じられた人間が必然的にもつ、「連続性への郷愁」であるという言い方もしているが、これは文学的な比喩である。

このバタイユによる人間（男性）のエロティシズムの本質は、ほとんどの男性を、いわれてみるとその通り、という具合に納得させる力をもっている。ただし、当然ながら女性にはそのまま妥当しない。男性と女性のエロティシズムの本質には大きな違いがあるからだ。本質観取は原則として自分の内的経験の内省にもとづくものだから、バタイユは、これは男性のエロティシズムの本質であると限定すればよかった。

つけ加えると、バタイユはつぎのような興味深い「発生論的」考察も行なっている。なぜ人間の性は、エロティシズムという独自の幻想的エロスとなったか。人間は歴史上のある時点で「死」の観念をもった。この観念は、人間生活における労働と性（エロス）の時間の間に明確な境界線を引いた。あるいは性的エロスの行為を一定の枠内に限定した。性的なもの（とくに女性のエロス性）は禁止項となり、性の営みは、近親相姦の禁止とともに夜の営みに限定される。この性の禁止は、現在にいたるまであらゆる文化における中心的禁止項をなしている。このことで人間の性は、恥ずかしい性の欲望、禁止の一時的な侵犯のエロス（喜び）となった、と。

このエロティシズムの発生論的仮説は、実証可能性という点では難しいが、われわれの内的経験に響きあう面をもち、やはり、いまのところ、これよりさらに説得力のある仮説を誰も示してはいないように思う。

バタイユのほかにも、われわれは、哲学者の優れた本質観取の例を多くもっている。ヘーゲルの「自我」（『精神現象学』）、プラトンの「恋愛（エロース）」（『饗宴』『パイドロス』）、ニーチェの「ルサンチマン」（『道徳の系譜』）などはその代表だが、ほかにもヒューム、アダム・スミス、J・S・ミルなどにも、優れた本質観取の例を見ることができる。

本質観取とは何かについて、ここで大きなまとめを置こう。

(1)「本質観取」は、直接的には認識問題の解明のための方法、つまり内在的意識における「確信構成」の構造と条件を洞察する「現象学的還元」の方法の基本形である。

(2)「本質観取」は、確信構成の構造の洞察のみならず、一般的な概念や事象、また形成された認識―信念の「本質構造」を洞察する方法となる（フッサールはこれをとくに「形相的還元」と呼んでいる）。

(3)「本質観取」の方法は、問題となっていることがらの核心を間主観的、普遍的な共通了解へともたらす方法だという点で、「概念」「原理」「再始発」を原則とする哲学の思考法を原理化したものと見なすことができる。

(4) この方法的原則によって、「本質観取」は、人文領域における普遍認識をめがける「本質学」の根本方法となる。

三 「心」「倫理」「社会」における本質学の可能性

コントの「実証主義」の宣言から現れた十九世紀以降の「人文科学」は、哲学に代わる新しい探求の方法として、さまざまな人文科学の諸学科を生み出した。すなわち、社会学、政治学、心理学、歴史学、経済学、言語学、芸術学等々である。だが、人文領域の学問は、価値や意味の問題を含む本質領域だから、はじめから大きな困難を抱えていた。ここでわれわれは、人文領域を大きく「心」「倫理」「社会」という三つの基礎領域に区分し、その登場以後、人文科学の諸理論がたどった困難を概括しつつ、この領域における「本質学」の可能性を考えてみよう。

心（心的なもの）

哲学に代わって「心」の領域を受け持った人文科学は、いうまでもなく「心理学」である。実証主義としての心理学は、「人間の心」を事実として正確に把握、認識しようとする。その基礎方法は、たとえばネズミに何らかの刺激を与えその反応を観察するといった、刺激―反応の因果性の記述という点にある。

　近代の実証主義心理学はグスタフ・フェヒナー、ヴィルヘルム・ヴントの実験心理学からはじまり、アメリカの構成心理学からジョン・ワトソンの行動主義、さらにゲシュタルト心理学へと進んだ。もう一方で、フロイトを創始者とする深層心理学の長い系譜が現われる。しかし、見たようにフロイト心理学はまずユング派、アドラー派などに分裂し、その後フロイト派自体もさまざまな学派に分派してゆく（自我心理学、対象関係論、自己心理学など）。そして、深層心理学と実証主義心理学も互いに鋭い対立関係を示すようになる。

　とくにアメリカでは、実験的な、臨床データの蓄積による心理療法（来談者中心療法や認知行動療法など）が中心となり、深層心理学の仮説はほぼ否認されるにいたる。また、実証主義心理学だけを見ても、多くの学説はほとんど理論的一致を見ることなく、乱立と対立が顕著である。

　ここでは、フロイト心理学の理論構成を現象学的な観点から再検証してみよう。

フロイト心理学

フロイト心理学（精神分析）は、出発点としては神経症の治療というはっきりした目的をもっていた。実証主義の原則からは、この目的のためにさまざまな治療方法の仮説とその治癒のデータを収集し、それをもとに最も効率的な治癒方法を確定してゆけばよい。この過程で非効率な仮説は淘汰されてゆくからである。だが、フロイト理論は、治療という目的から徐々に離れて「心」の実体的存在論へと転化してゆく性格を強くもった。

その中心理論は、「エディプス・コンプレックス」仮説にある。人間は幼児期からすでに性欲をもち（リビドー説）、そのため母親―父親との三角形の中で複雑な対象選択の関係をもつ。フロイトによれば、この時期幼児（男児がモデル）は潜在的に母親とセックスしたいと望んでいるが、やがてこの幼児の欲望に対して父親による威嚇と禁止が現われる。これが「去勢コンプレックス」と呼ばれる。これによって母への性的欲求の断念が生じ、エディプス・コンプレックスの状態が克服されて子どもは正常なセクシュアリティの発達を遂げる。しかし、この克服の過程に失敗するとトラウマを受け、それが後年の神経症の発症の原因となるとされる。

よく知られたフロイトの「超自我―自我―エス」という構図は、この仮説から取り出されたものであり、思想的直観としてはきわめて優れたものといわねばならない。しかし、正統的な実証主義心理学からは、フロイトの幼児性欲説、「エディプス・コンプレックス」説、「去勢コンプレックス」説は、まったく検証されない物語的仮説でしかない。

じっさい、この幼児期仮説は、フロイトに続く深層心理学の系譜の中で、つぎつぎに異なった仮説に置き換えられてゆき、理論的一致（普遍認識）に到達しない。しかし、実証主義心理学のほうも事情は大きく違うわけではなく、きわめて多くの理論が乱立している。

フロイト心理学をその一例として取り上げたが、人文科学としての心理学の根本の発想は、いわば人間の心を一つの実体として、その因果的な構造を実証的データの集積によって研究するという点にある。それが自然科学の基本方法だからだ。しかしこの方法は、「心」といった対象については決定的な弱点をもっている。それをつぎのように言うことができる。

われわれは人間の「心」を、たとえば心的障害の治療の対象として対象化することができる。心理療法はそうした分野である。また商品販売のマーケティングの対象として「心」を研究することもできる。ここでは、薬や療法の効果、また宣伝法がデータとして集積され、どのような方法が治癒の効率を高めるか、販売を促進するか、ということが研究の目的となる。

しかし、いま「心の本質とは何か」という問いを立てれば、事情は違ってくる。ここでは、「心」はさまざまな目的から「対象化されるもの」ではなく、むしろさまざまな事物を「対象化するもの」、またさまざまな目的を創り出すもの、となる。この問いを置いてみると、「対象化されるもの」としての「心」の探求をいくら積み重ねても「対象化するもの」としての「心」の本質に届くことはできないこと、むしろ後者が前者の基礎をなすことが理解できるはずだ。

しかし、フロイトは、治癒の対象としての「心」を探求すれば「心」の本質の探求に近づくことができると考えた。つまり実証的探求によってことがらの本質の探求に到達しうると考えたのだ。しかしここには大きな落とし穴がある。

いま、フロイト心理学が示す実証主義的な人間の探求のありようを、現象学的、本質学的観点

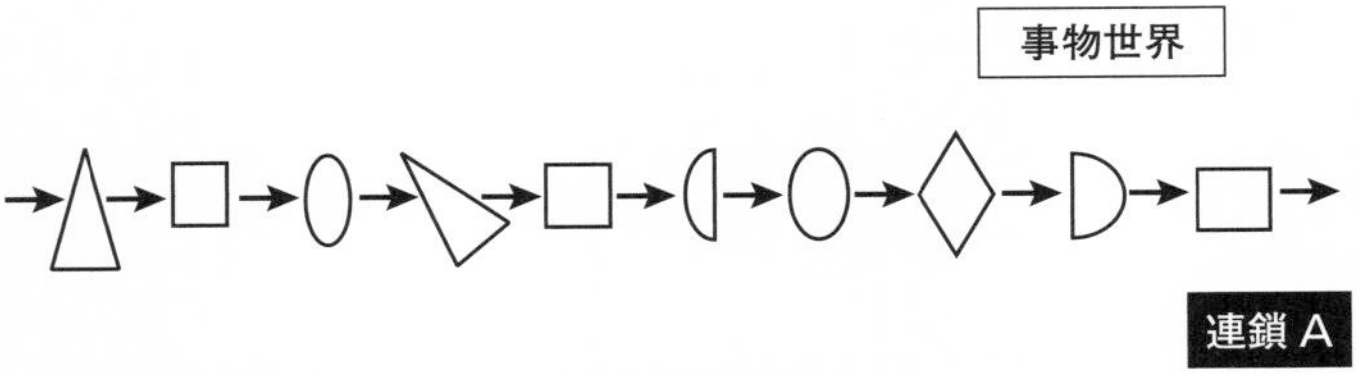

図5-2　事物世界における物理・科学的因果性

から吟味するとどうなるだろうか。

「心」の本質と「不可視域」

たとえば、「心」とは何かという問いを、本質観取の方法で洞察しよう。まず、われわれはどのようなものを「事物」と呼び、またどのようなものを「心」（心的存在）と呼ぶのか、と問うてみよう。いろいろな言い方が可能だが、さしあたり、ことがらの因果連関をどこまでも事実的にたどれるものを「事物」と呼ぶと規定すれば、それを次の図で示すことができる（図5－2）。

つぎに、われわれはどのような現象を事物的なものではなく、「心的な事象」とみなすか、と問うてみよう。現象学的には、つぎのように言える。事象の因果の系列のうちに、決して因果の連鎖としてはたどれない「ブラックボックス」が見出されるときに、われわれはこれを心的な存在とみなすと。

事象的因果を確定しえない「X」の領域を見出すとき、これを心的な存在とみなさざるをえない。それが「確信構成」の一般条件である。この「X」の項は、われわれが選択や判断や決定、総じて「自由」と呼ぶもの

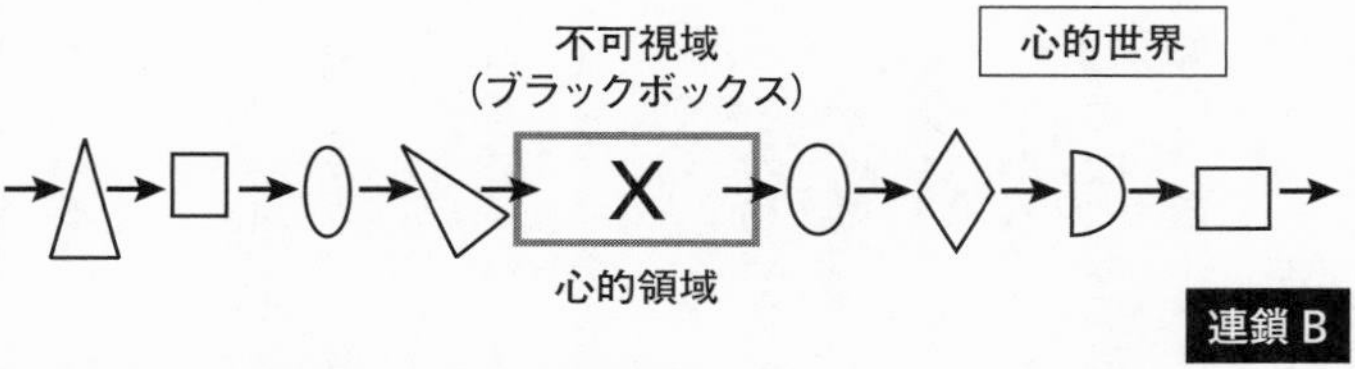

図 5-3　心的世界における心的因果性

の本質でもある。それゆえ、「X」の内部を一義的な因果性として記述することは原理的に不可能である。すなわちこの「X」の項は、事物的因果の途上に現われる一つの絶対的な「ブラックボックス」、あるいは「不可視域」なのだ。これを以下の図で示すことができる（図5-3）。

われわれは、事象の因果系列のうちに事物的な連鎖に還元できない項「X」を見出し、この「X」が後続の事象の原因をなしていると確信するとき、そこに心的存在を直観する。

「心的な存在」についてのこの確信構成の構造から、つぎのことが言える。第一に、現象学における認識論の根本構図として、およそわれわれの認識とは、意識に到来した与件（データ）から構成される「確信」の諸様態である。第二に、総じてフロイト以後の深層心理学が行なっているのは、この「X」領域内の事象の因果性についての仮説化である、と。ここから、深層心理学説の全体の構図を展望することができる。

ある先行的事態と神経症の発症という、インプットとアウトプットのデータが存在し、その内的な因果性は不可視の「X」領域（心の領域）として隠されている。フロイト心理学は、この「X」にエディプス・コンプレックスという仮説を置き入れ、そのことですべてを因果性の系列として完成しようとしていることが分かる。そしてこの、「不可視域」を仮説的な因果性によって説明しようとする試みは、ユングやアドラーの説でも、また多くの実証主義的心理学においても同じである。

だが、心理療法においてさらに興味深いのは、そこにさまざまな因果説的仮説が立てられているにもかかわらず、どんな心理療法も一定の治癒効果をもつ、という事実である。レヴィ＝ストロースに、未開社会のシャーマン的呪術による心理治療についての次のような優れた考察がある。

《シャーマンの神話が客観的現実に照応しないということは、大したことではない。患者はその神話を信じており、それを信ずる社会の一員である。守護霊と悪霊、超自然的怪物と魔術的動物は、原住民の宇宙観を基礎づける緊密な体系の一部をなしている。患者はそれらを受けいれる。〔略〕細菌と病気の関係は、患者の精神の外にある。それは原因と結果の関係である。これに反して、怪物と患者との関係は、意識的か無意識的かを問わず、この同じ精神の内部にある。これは象徴と象徴されるものとの関係、あるいは言語学者の言葉を用いれば、意味するものと意味されるものとの関係である。シャーマンは、その患者にいい表わされず、またほかにいい表わしようのない諸状態が、それによって直ちに表わされることができるような言葉をあたえるのである。》（『構造人類学』218頁 田島節夫訳）

シャーマン的呪術療法の一定の効果については、多くの報告があって疑うことができない。病の「原因」についてシャーマンが与える「物語」（虚構）は、もちろん現代の合理的説明には合致しないが、フロイト精神分析もその他多くの療法的仮説も、病の「真の原因」に達しているわけではない。そこでレヴィ＝ストロースが示唆するのはつぎのことである。

シャーマン的療法の効果は明らかだが、それを支える重要な要因となるのは、おそらく、患者、治療者、家族、部族の人間の間で共有される病や凶事の原因についての共同的信憑である。シャーマンによる「物語」と施術の振る舞いによって、病の原因はいわば象徴的に除去される。そのことで原因は取り除かれたという強い共同的確信が、「心身相関的効果」を生み出す、と。

この治療効果は、現代の心理学や医学の合理的因果論で説明することはできない。レヴィ＝ストロースはいう。ここでの事実を説明するのは、未開人の共同的信憑が形成する「象徴機能」の構造というほかはない。ここには「象徴と象徴されるものとの関係」が存在し、それはおそらく深層心理学や他の多くの心理療法においても見出すことのできる本質的な「構造」である。

レヴィ＝ストロースの考察はきわめて本質的な洞察を含んでいるが、これを現象学的観点から捉え直すことができる。

現代の心理学説とシャーマン的治療において共通するのは、まず、あの不可視域「X」に何らかの「因果仮説」を置き入れること、この因果仮説は「真の原因」に達することはないが、にもかかわらず、それが治療者、患者、家族などにとっての強い「共同的確信」となるとき、それが患者の内的な「自己了解」を変容させ、大きな「心身相関的効果」（ここでは回復）を生み出すのである。

さて、この事態は、心的な領域をあつかう現代の人文科学に重要な示唆を与えている。一般的な事物認識の基本構造は、図5‐2によって与えられる。心的事象を含む事象の認識の基本構造は、図5‐3によって示される。

つまり自然科学は、どこまでも図5‐2の、事象の因果関係の系列を実証的に探求する。しかし人文科学では、事象の因果性についての「与件」（データ）だけではなく、「X」の領域が必ず存在する。たとえば深層心理学は前後の実証的データを与件として、ここから「X」内部の因果を仮説的に探求する。この「X」は本質的な不可視域であり、どの仮説も「真の因果」に到達することはない。にもかかわらず、どの仮説にもとづく治療も一定の効果をもつということをどう考えるべきか。

レヴィ＝ストロースの考察は、この問題に鮮やかな光を投げかけている。つまり「X」についての仮説がどうあれ、われわれはこのAとBの間に存在する象徴的な「構造」を観取（＝洞察）することができる。つまり、一方に、シャーマンを含むさまざまな療法における原因の仮説化とそれに基づく施術・治療行為というインプットがあり、他方に病の一定の軽減というアウトプットがある。このことは誰にも確認できる。ここから取り出される治癒の本質は、治療者による病

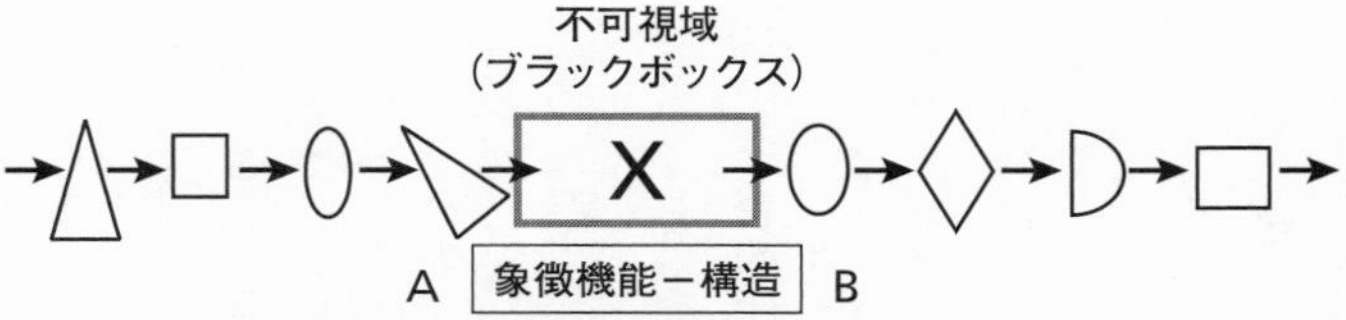

図5-4　心的因果性における象徴機能 - 構造

の原因についての何らかの仮説化、治療者とこの仮説的原因に対する信頼、また治療行為が原因を除去しているということへの共同的信憑、などである。病の原因についてのシャーマンの説明（仮説）やエディプス・コンプレックスのなどの仮説は、「不可視域」の内部の因果の仮説であって、決して確証されない。しかしレヴィ＝ストロースが示唆したこの治癒の本質（「象徴機能」）は、誰にとってもきわめて説得的である。

しかも、人は、これよりさらに説得力ある治癒の本質を洞察できれば、それを提示することができる。この本質（構造的共通性）の観取は、「不可視域」内についての独断的「解釈」ではなく、間主観的な確信の形成として試行されるものだからだ。そこに「本質観取」の方法の原則がある（図5－4）。

こうして、いまやわれわれは、現在の人文科学がなぜ諸説の乱立と対立の状態のうちにあり、普遍的な本質学たりえないかの理由をはっきりと指摘することができる。

一般的に人文科学は、実証的な事実学を方法の原則とするが、人間と社会における「意味」や「価値」の関係性の領域をあつかう。そのことでここでは、事実的なデータだけでは確証されない「不可視域」が現われる。

後にくわしく見るが、たとえば社会学や政治学では、社会的な「正義・不正義」の根拠、といったことが重要なテーマとなる。社会にとって何が正しいかは、社会の事実をいくら多くのデータとして収集しても捉えることができない。しかし、人文科学では、しばしば、それぞれの学説が特定の「仮説」を立て、この仮説を実証するために多くの事実的データを収集するという方法をとる。しかしこの方法では、対立する学派も同じ方法をとるために、学説の対立はどこまでも克服されないのである。

量的研究と質的研究の本質連関

現在、量的研究／質的研究という区分が臨床心理学、教育学、看護学、介護学などの領域で行なわれ、量的研究が実証主義にもとづくデータ（エビデンス）を基礎とした研究を意味し、これに対して質的研究は、データでは捉えきれない人間的側面をカバーする方法とされている。そしてここでは、現象学の応用ということがしばしば言われている。

この区分は、人文領域が、事実学的な実証主義だけでは捉えきれない側面をもつことについての自覚の高まりといえる。ただ質的研究における現象学の応用という点では、そもそも現象学理解が十分とはいえず（一般には、本体論の解体、認識論の解明、本質観取といった現象学の根本方法はほとんど理解されていない）、そのため質的研究のためのさまざまな方法が提案されてはいるが、基本的に主観的な解釈理論の域を出ていないように見える。

ここでは具体的な研究領域には踏み込まないが、質的研究が現象学の方法をいかに応用すべき

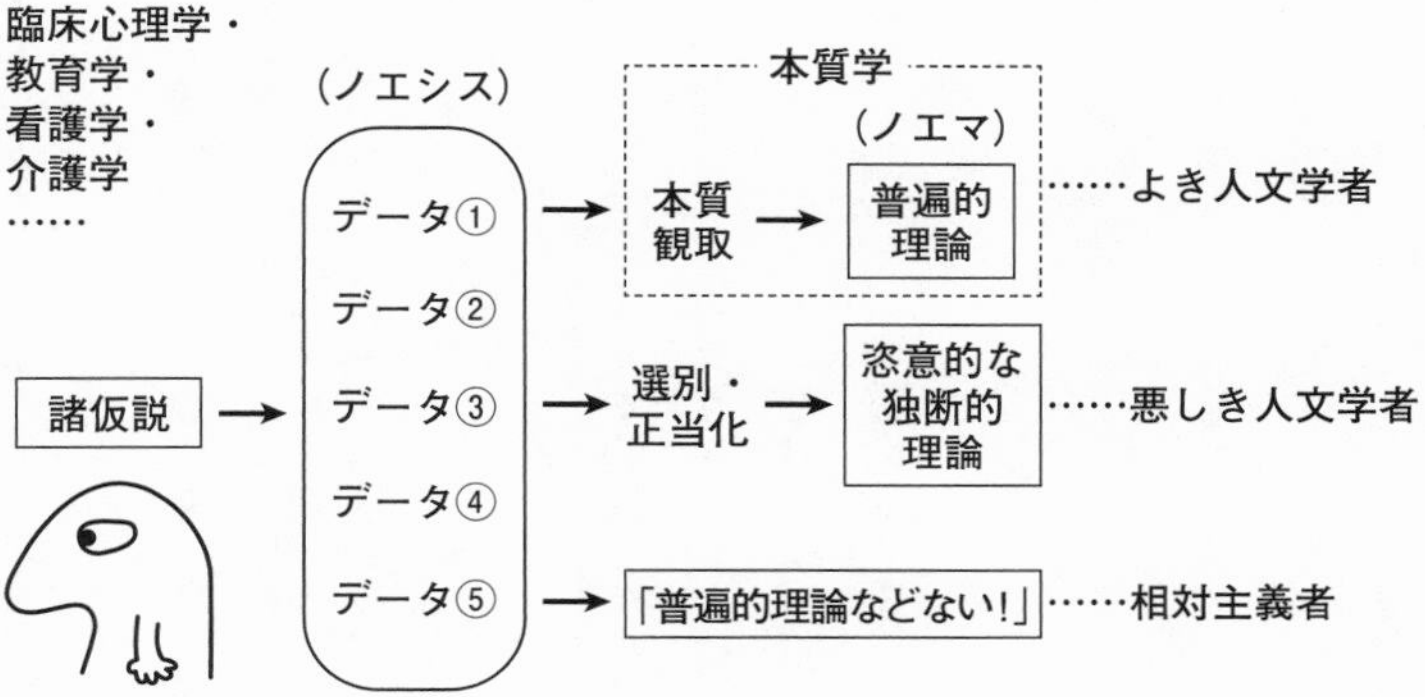

図 5-5　人文領域の諸学における本質学の可能性

かについて、基本的な構図を置いてみたい。

すでに見てきたように、現象学が示す「認識の本質的構図」は「ノエシス―ノエマ」構造であり、この構造は、われわれのすべての認識のありように当てはまる。

たとえば、哲学者なら、自分の頭の中で（プラトンが行なったように）「自由とは何か」「愛とは何か」「美とは何か」という問いを立て、その「本質」についての「理念」を創り上げる。これに対して、実証主義的な人文科学者は、まずは「仮説」を立て、この仮説を実証するためにさまざまな「データ」を収集する。この「さまざまなデータ」が人文学者にとっての「ノエシス」（経験的素材）となり、ここから「仮説」が「理論」として取り出されるがこれが「ノエマ」に当たる。

さて、ここで「よき人文学者」は、はじめの仮説に囚われず、自分が集めたデータをよく眺め、そこから事態の「本質」を洞察しようと努力するだろう。しかし、もしはじめの「仮説」（信念）に固執し、自分の「仮説」

に適合するようなデータのみを集めて、それを仮説の正しさの証拠とする学者がいれば、それは「悪しき人文学者」と言わねばならない。

すなわち、ここでの要点は、学問が優れた普遍的理論を生み出すためには、適切なデータ（ノエシス）と優れた「本質観取」という二つの要素が必要だということである。あるいはこういうことができる。独断的理論は、はじめから自分の仮説＝信念を正当化するためにしかデータを観察せず、相対主義者は、本質観取に挫折してどんな理論も普遍的たりえないという結論に行きつくのだ、と。

こうして、現象学的観点から見ると、量的研究（事実の実証的側面）と質的研究（本質を求める側面）とを対立させることは無益であることが分かる。つまり質的研究が「本質観取」の方法を適切に応用できなければ、量的研究と質的研究という有意義な区分は、結局のところ、伝統的な独断論対相対主義の対立の構図に終わってしまうだろう。*

倫　理

生命倫理学や環境倫理学といった形で存在する現在の人文科学としての「倫理学」は、医療や環境問題についていかなる一般的ルールや規範が必要かを主題とする領域であって、やはり他の人文科学と同じ構造による理説の対立が生じている。ただ、これらの説はその根拠づけとして、明示的あるいは暗黙に、ビッグネームの哲学者の説に依拠している場合が多い。しかし問題は、多くの学者が採用する哲学者の理説自体に、すでに大きな対立が存在することである。二つの象徴的といえる対立を挙げてみよう。

カント対ヘーゲル

まず、カント対ヘーゲルの対立がある。

カントは近代の「道徳哲学」の創始者といってよく、その業績はきわめて大きい。彼の中心的主張はこうだ。自然世界に法則があるように（自然法則）、人間の心の世界、つまり「自由の世界」にも法則がある。ただし、ここでの「自由」は一般的な意味とはかなり違っていて、欲望や感情に抗って「善」をなそうとする「意志の自由」を意味する。

すでに触れたが、カントの道徳哲学をもういちど確認しよう。「君の意志の格律が、常に同時

＊ **質的研究における「解釈学」と「本質学」**　質的研究において実践的な「意味」の領域をあつかう上で現象学の方法の有用性が言われているが、現状では、ほとんどの場合、普遍的な理論を取り出すための「本質観取」の方法が理解されておらず、ハイデガーやガダマーの「解釈学」的方法が多く援用されている。だがすでに見たように、フッサールの「本質学」が普遍認識の可能性に向けられた方法であるのに対して、ハイデガーの「解釈学」の本質は、そもそも彼独自の存在論の形而上学的探求にある。ハイデガーの「解釈学」には、その探求が「主観的な解釈」でないことを保証する原理が含まれていない。そのため、現在の「解釈学」的な質的研究は、結局のところ主観的な解釈の積み重ねではないかという実証主義からの批判に十分に答えることができないのである。

に普遍的立法の原理として妥当するように行為せよ」。この「法則」の要点は、「善」は主観的なものではなく必ず「客観的な善」、誰にとっても「善い」と言えるものでなくてはならないということだった。そして、一見同義反復のように見えるこの定式が大きな意味をもつのは、この言い方によってカントは、善の根拠を、それまでの「宗教的なもの」「聖なるもの」から切り離して、近代的な人間関係（市民どうしの関係）の倫理へと作り変えたからである。

つまり、ここで置かれた善悪の根拠は、宗教的、習慣的な道徳律にまったく由来せず、人間一般の「よい」（福祉＝幸福）の普遍性についての理性的な推論だけから導かれているのだ。そしてさらに、次のような主張をもそのうちに含んでいる。

若者はその青年期に、どんな伝統的、慣習的な善悪の規範からもいったん離れて、自分のうちに理性のみによって創られる善悪のルールを打ち立てよ、と。まさしくこの命法によって、カントの道徳哲学は、近代社会における人間の倫理の本質論たりえているといえる。

だが、カントの道徳哲学に対しても、ヘーゲルの厳しい批判がある（『精神現象学』『法の哲学』）。第一に、人間の理性は全知をもたず、さまざまな状況の中で理性によって何が善かを絶対的に判断することは不可能である。近代社会では生活形式が本質的に多様となり、また人間は複数の組織（共同体）に属する。そのため個々人にとっての「善」（そして幸福）はやはり必然的に多様化し、一義的に決められないものとなるからだ。

近代社会では、人間は、他人の自由を侵害しないかぎりで自分の「善」と「幸福」を自由に追求することが認められている（相互承認）。そこから、近代社会では何が善や正義かについて意見の対立が必然的となるが（信念対立）、カントの道徳的「正しさ」は、善や正義の信念対立を克服する原理を含んでいない。

ヘーゲルはいう。カントの道徳哲学は、近代における大きな達成である。だが、「道徳」は近代社会がはらむ価値対立を乗り越えることができない。むしろ自分の内的な「正しさ」をどこまでも人々の判定（承認）に開く意志をもつ、「良心」の概念が重要である、と。

倫理の本質についてのカントとヘーゲルのこうした対立は、現代の倫理思想における本質的対立を象徴しており、きわめて興味深い問題を含んでいる。

ハイデガー対レヴィナス

もう一つ、こんどは現代哲学における倫理思想の代表的対立を見てみよう。

まずハイデガー。彼の倫理哲学のキーワードは「良心」である（ヘーゲルの「良心」とはかなり違う）。『存在と時間』の中でハイデガーは、「良心とは何か」についての「本質観取」を遂行する。「良心」とは何か。それは、さまざまな行為や選択の場面で自己の内部から呼びかけてくる「それでよいのか」という「声」である。つまりそれは、もっと善く、あるいは本来的に生きようという呼びかけの声だ。そしてこの「声」の本質をさらに探ると、われわれは人間の生に固有の「死の不安」に行きあたる。

すでに「不安」の本質観取で見たが、ハイデガーによると不安は人間の「根本情状性」であって、生活感情の奥底には「死の不安」が潜んでいる。そのためわれわれは、たえず「死の観念」を覆い隠しまたこれを飼い馴らしつつ日常生活を生きる。だが、人間は、死に近づくような機会にぶつかると、生の一回性と交換不可能性を強く意識し、そこから、本来的に生きようという実存的な自覚に目覚める可能性をもつ。このとき、われわれは「良心」というものの本質を知る。つまり、人間の「良心」の本質は、「本来的に」生きようとする自分自身への存在配慮であり、死の不安からくる実存の不安と深くつながっている、と。

ハイデガーの倫理哲学は、誰でもがもつ「良心」という現象の本質観取から出発している点に優れた特質がある。「本来性」の概念も、それが生の一回性の自覚から現われるという主張には強い説得力がある。ただ、その「本来的生き方」の内容は十分明瞭とはいえない。ハイデガーの示唆は、自分が属する民族・共同体の「善」をめがけて生きること、へと向けられるが*、この考えはナチズムの理念との接近をもたらした要因ともいえ、批判の余地を生んでいる。

現代倫理哲学を代表するもう一人の哲学者は、エマニュエル・レヴィナス（一九〇六―一九五）である。

レヴィナスは、まさしくいま述べた理由で、ハイデガー哲学を「全体性」の哲学として批判する。ハイデガーの倫理学が「死の観念」を基軸とするのに対して、レヴィナスは「他者」の観念をその根拠とする。彼はいう。ヨーロッパ哲学は総じて「他」を自己化する「同」の哲学だったが、現代の倫理学は、むしろ他者の存在を絶対的なものとして尊重する「他者の形而上学」として立てられねばならない。超越的な「他者」の観念だけが、人間の本来的な自己中心性を批判することができるからである。

レヴィナスは、人間にとって「他者」がどのような本質をもつかについて、実存論的分析を置いており、とくに幼少期における他者関係の本質洞察（＝本質観取）には大きな説得力がある。しかしある時点から、レヴィナスの「他者」は、人間の「自己中心性」を裁定すべき一種の「超越項」のようになる。「超越項」とは、そこからすべてが規定される絶対のアイテムである。レヴィナスの倫理の根拠としての「他者」の観念は、哲学的には、ヨーロッパに独自の超越項である「神」の観念（絶対的な審判者）が「他者」へと置き換えられたような意味をもつ。

そう見ると、レヴィナスの「他者」は、ハイデガーの、一切が「存在」から贈与されるという独自の「存在」の形而上学ときわめて大きな類似点をもつといえる。二人の哲学者に共通するのは、ヨーロッパにおける「神」という超越項の喪失という事態であり、この喪失が、一方では人間の本来的な実存を導く「存在」という、他方では人間の自己中心性を審判する「他者」という

＊ ハイデガーにおける「共同体」　つぎの引用では、共同体の善をめがける生き方が「運命」の言葉で示されている。《宿命的な現存在は、世界内存在として、本質上他者と共なる共存在において実存するかぎり、そうした現存在の生起は、共生起であって、運命として規定されている。この運命でもってわれわれが表示するのは、共同体の、民族の生起なのである。》（『存在と時間』593頁 原佑訳）

絶対的な倫理観念を呼び寄せている感がある。

理想理念の対立

ヨーロッパ哲学には長い倫理哲学の伝統があるが、右に挙げた例はそれを代表する哲学者たちである。本質学としての倫理学という観点から、私はこれらを以下のように総括したい。「魂を配慮せよ」（ソクラテス）、「倫理的徳を涵養せよ」（アリストテレス）、「普遍的善を意志せよ」（カント）、「本来的に実存せよ」（ハイデガー）、「他者を絶対的に尊重せよ」（レヴィナス）、こうした哲学者たちの倫理学が、一つの倫理的「当為」として示されるかぎり、すなわち何らかの理想理念として示されるかぎり、そこには「価値の多様性」という困難が潜んでおり、必然的に宥和不可能な対立を生み出すことになる。このことから、本質学としての倫理学の最も中心的な困難を理解できる。

共同体が安定して成立しているときには、「善悪」の基準は自ずと定まる（何が善で何が悪かの暗黙の共通了解が成立する）。アリストテレスの倫理学はその典型であり、その善の基準（「卓越性」＝アレテー）は、ギリシャ的な（あるいは民主政アテネの）伝統的な人間の徳性がその暗黙の基礎となっている。しかし近代社会では、価値の多様化は必然的であり、特定の倫理的な理想理念は決して普遍性をもちえない（ちなみに、アリストテレスの道徳的卓越性〔アレテー〕の観念は、美的で自足した観想的生活を倫理の一つのモデルとしており、さまざまな社会矛盾をどう考えるかという問題はほとんど含まない）。

またハイデガーでは、存在論哲学は、人間実存の本質の解明を日常的な人間の存在了解から始めるべきとされつつ、最終的には、人間実存の本質はむしろ何らかの「実存理念」に先行されねばならない、という主張が現われる。

この考えからは、ハイデガーの「本来性」、レヴィナスの「絶対的他者」、カントの「最高善」などといったそれぞれの実存理念（理想理念）が正当化されることになるが、そうなると、これら異なった倫理的理念どうしの対立は克服しがたいものとなる。西洋哲学の倫理学もまた、価値の多様性によって生じる倫理思想の必然的対立を十分に解決しているとはいえないのだ。

ヘーゲルを借りれば、近代社会とは、各人がそれぞれの「善」と「福祉」（幸福）の追求を互いに承認しあう社会であり、そのために「価値の多様性」が必然的となる。まさしくその理由で、特定の、あるいは暗黙の理想理念から出発する倫理学は、普遍的な本質学としての倫理学の基礎たりえないのだ。任意の「理想理念」が絶対のものと措定されるや、それは「超越項」となり、それが個人に対して強制力をもつことによって、内的な自由を命とする人間の倫理の本質を破壊するからである。

さて、本質学としての倫理学は可能か。この問いについてのまとめをおいておこう。

倫理学の根本は、人間世界に独自の「善悪」という価値審級の本質についての探求にある。ここから二つの領域が現われる。一つは個人の内面の「善悪」の規範の問い、なぜ人間に善悪という価値が存在し、それはどのような仕方で一人一人の人間のうちを生きるのか、という問いであり、これがふつうわれわれが倫理学と呼ぶものの中心主題である。もう一つは、社会的な善悪の問い、つまり「正義・不正義」の公準をいかに定めることができるかという問いである（後述）。

現代の倫理学が直面している困難を約言するとこうなる。現代の倫理学は、ほとんどの場合、人間にとってはこれが最も優れた「徳」あるいは「善」のありようであるという特定の倫理的理念から出発し、それを人々に「要請」するという構造をとっており、そのため、必然的に価値対立に陥って、倫理についての普遍的な本質学とはなりえない。倫理学が、善や道徳の理想理念からの「要請」とならないためには何が必要だろうか。

この問いは、これから執筆する『欲望論』続編の中心主題となるはずなので、ここではその基本原則に触れておくことにする。

倫理の本質学は、なによりまず、「善悪」の本質観取から出発せねばならない。これには二つの課題があり、一つはわれわれが日常世界においてどのようなことがら（経験）を「善いもの」「善いこと」と呼んでいるか、という言葉に即した本質観取。もう一つは、善悪という、人間にのみ固有の価値についての発生的本質論である（『欲望論』第二巻参照）。

発生的本質論は、人間の善悪、美醜、そして真偽という価値の秩序（価値審級）がいかにして人間世界にだけ発生したのか、という問いをその核とする。そしてつぎに重要なのは、何が最高の善かという、理念としての善の理論ではなく、われわれのうちで、善（あるいは悪）への欲望・欲求が発現するその条件は何かについての洞察である。

プラトンの仮説では、ある条件が充たされるなら人間にとって「善」への欲望は、必然的、かつ本質的である、とされる。この仮説の検証は、善の本質学にとって重要な主題となる。

要するに、善を為すべきであるという「当為」の理説は、道徳の訓育学（人格や品性を養い育てる教え）であって、善についての本質学とはなりえない。いかなる条件において善への欲望は、われわれのうちに豊かに維持され生き続けるか。また逆に、どのような条件を欠くとそれはニヒリズムや悪に転化するのか。これらについての本質的な洞察が必要である。この問いは、価値観によって異なった考えが現われるといった問題ではないからだ。

最後に重要なのは、この個々人にとっての「善」についての本質学が、社会の善悪（「正義・不正義」）の問い、すなわち「社会の本質学」の基礎となる、ということだ。じつはここに普遍的な「社会理論」の前提条件がある。社会の問題は、どのような社会が人間にとって善い社会といえるかという問いを最も中心的なものとして含むからである。

社会

「社会」の領域をうけもつ人文領域の学は社会学、政治学、歴史学、経済学、人類学などだが、ここではとくに、ハーバート・スペンサー（一八二〇―一九〇三）からデュルケーム（一八五八―一九一七）へと進む「社会学」と、これと平行して登場したマルクス主義理論を概観しよう。

マルクスは、唯物史観（人間の歴史は階級闘争の歴史である）という一つの根本的歴史観を提唱し、これによって社会と歴史の構造的本質を捉える新しい方法を示した。その根本テーゼは、「意識が生活を規定するのではなく、生活が意識を規定する」（『ドイツ・イデオロギー』31頁 廣松渉編訳）という命題で示される。人間の歴史は古代社会から中世封建制、資本主義へ進むが、階級闘争の歴史の展開は必然的に、プロレタリア革命を通じて資本主義を社会主義（共産主義）へ向かわせる、とされる。もう一つ重要なのは、マルクス主義の世界観は、空想的社会主義と区別される科学的世界観であり、最も「正しい世界観」であるという主張である。

イデオロギー論争

マルクス主義こそ唯一の「正しい」世界観であるというこの主張は、他のすべての社会理論や社会思想を、支配体制を擁護する「イデオロギー*」として批判し、その結果、十九世紀末から二十世紀にかけて、ヨーロッパの社会理論の全体を、一体何が「正しい」社会認識といえるかというイデオロギー対立の議論に巻き込むことになった。だがこの主張は、やがてマックス・ヴェーバーやカール・マンハイムから、マルクス主義自身が一つのイデオロギーでないという保証はいかに示されるか、という批判を呼ぶことになる。

すなわち、ある意味でマルクス主義の社会理論は、「普遍的な社会理論は可能か」という難問をもう一度喚起したのだが、この議論は、やがてマルクス主義の挫折とこれを批判するポストモダン相対主義思想の登場とによって、明確な答えを与えられないまま立ち消えになる。ともあれこの経緯は、二十世紀の哲学と思想を大きく相対主義、そして反哲学の流れへと傾けたのである。

一方、コントの実証主義の宣言を受けて近代社会学の出発点をなしたのはスペンサーの社会進化論だが（「科学の起源」など）、「社会学」の方法的マニフェストとして象徴的なのは、デュルケームの『社会学的方法の規準』である。

ここでデュルケームは、社会学を、実証主義の方法による「社会的事実の究明」と位置づける。《社会的事実は物であり、物のように取り扱われなければならない》（265頁 宮島喬訳）。あるいは《およそ社会学が要求するものは、因果律の原理を社会諸現象に適用することが承認されること、そのことに尽きるのである。》（261—262頁） 社会を変化させる根本動因を社会的事実とみなしてよく、「社会的慣行」の基本契機と措定できる、と。

そして彼はいう。いまや社会学は、哲学から独立しなければならない。つまり価値やイデオロギー*から独立した客観科学としての実を示さねばならない、と。「正しい世界観」を標榜するマルクス主義と、コントの実証主義を受けたスペンサー、デュルケーム……

＊ イデオロギー　もともとは一つの包括的世界観を意味するが、マルクス主義以後、とくに人々を意図的に欺瞞する誤った世界観という意味を帯びて用いられるようになった。

ケームの「社会学」は、十九世紀後半以後、人文領域の探求の中心が哲学から離れて社会科学の領域へと移行したことをはっきりと示している。しかし、独自の価値観（世界観）を含むマルクス主義と、社会の「客観認識」を標榜する「社会学」はそれ自体の内部で理論的な対立を生じ、ここでも、何が正しい社会認識といえるのかという難問を克服できないまま残すことになる。

つまり、概括すると、十九世紀以後の社会理論は、まずマルクス主義の独断的な世界観と、客観的学問としての社会学へと分岐し、最後に、相対主義の本流であるポストモダン思想および現代言語哲学（分析哲学）に行きつく。ここでも、世界認識の問いは、独断論と相対主義という古くからの構図を反復する。

ヴェーバーの「理念型」

社会学のもう一人のビッグネームにヴェーバー（一八六四—一九二〇）がいる。彼は、デュルケームの『社会学的方法の基準』に少し遅れて『社会科学と社会政策にかかわる認識の「客観性」』（客観性論文と呼ばれる）を書くが、これは、社会学がいかに普遍的学問たりうるかについての問題提起として、重要な意味をもっていた。

ヴェーバー社会学のキーワードは「理念型」だが、ここには、マルクス主義の「唯一の正しい世界観」という考えへの対抗がある。ヴェーバーはいう。下部構造（経済構造）こそ社会事象の決定因であるという唯物史観のテーゼは独断的であり、検証されていない。「文化的事象」の認識は、客観的な法則といったものによっては決して明らかにはならない。《というのも、それ〔引用者注：文化的事象の認識〕は、価値理念によって決定されるからであり、われわれは、〔略〕この価値理念のもとに「文化」を考察するのである。》（92頁 富永祐治ほか訳）

ヴェーバーでは、社会や文化についての認識は、単なる事実関係の認識ではなく価値の諸関係の認識であることがはっきりと自覚されていた。社会学が普遍的な認識であるには、いかなる観点から社会が認識されるべきかを明示する「理念型」をモデルとし、そこから社会の事象に接近するのでなければならない、と彼は主張する。しかし、その後の現代社会学の展開は、ヴェーバーのこの本質的な問題提起を受けとっているとはいえない。

社会システム論

現代社会学の大きな系譜として、タルコット・パーソンズ（一九〇二―七九）からニクラス・ルーマン（一九二七―九八）へいたる社会システム論をあげることができる。社会システム論は、マルクス主義社会理論に対抗しつつ、その退潮を受けて現われた社会理論の新しい潮流である。

『社会的行為の構造』などで知られるパーソンズの理論は、一般に構造機能主義と呼ばれる。まず「個々人の行為」を基礎単位とし、そこから社会構造と機能という観点で社会のあり方を分析する、というアイデアだ。パーソンズのキーワードは二つ、「ホッブズ問題」と「ＡＧＩＬ図式」である。

「ホッブズ問題」とは、各自が功利的原則で行為する人間の集合性が、いかにして社会秩序の達成を可能としたか、という問いである。パーソンズの答えは「共通価値」の創出という点にある。つぎに「AGIL図式」は、社会システムが安定して存続するための諸機能を、A：適応、G：目標達成、I：統合、L：潜在的パターンの維持、という四つの契機で考える。

パーソンズの社会学は、社会を、たとえばスペンサーのような実体的な有機体のアナロジーとしては捉えない。その代わりに、社会はいかにして維持、存続するかという「機能」の問いが中心軸に据えられる。だが、社会を客観的な「事実性」として捉える点では、コント、スペンサー、デュルケームの観点をそのまま受け継いでいる。分析の方法も典型的な悟性的分析であり、たとえば社会的価値の基礎形式は、普遍主義／個別主義、感情中立性／感情性、集合体志向／自己志向などに区分、整理されるが、悟性的分析のつねとしてどこまでも任意の分類にとどまる。

パーソンズの社会システム論を発展させたとされるのが、『社会システム理論』で知られるルーマンである。ルーマンでは、社会の維持・存続の「機能」というパーソンズの力点は保守的として批判される。ルーマンのポイントは、社会を、完結した維持存続のためのシステムとしてではなく、外部に開かれた動的なシステム（構造体）として把握することにある。

「社会は動的なシステムである」。このテーゼを論証するために、ルーマンはいくつかの複雑な「動的モデル」を社会に適用する。それをホメオスタシスモデルからサイバネティクスモデル、オートポイエーシスモデルへの転移として輪郭づけることができる。それぞれのモデルの要点は以下のようだ。

(1) ホメオスタシスモデル……有機体的モデルの適用で、そのポイントは、生命体が多様な外界（周界）に対処しつつ自己の「定常状態」（ホメオスタシス）を保つように、社会もまた外的諸変動に対して自己の定常性を保つ機能（システム）をもつ、ということ。これは主としてパーソンズによって取り入れられたが、社会を恒常的なものとして扱う傾向があり、ルーマンでは以下の「動的」モデルへと転移させられる。

(2) サイバネティクスモデル……サイバネティクスはもとメカニズムの制御理論からきており、そのポイントはフィードバック機能による全体の再調整ということ。社会は、自己フィードバックの諸機能によって安定的存続を調整するシステムである、とされる。

(3) オートポイエーシスモデル……(1)と(2)だけでは、社会存在の変化や動性（ダイナミクス）を表現するには不十分であり、もう一つの時間的契機をもつモデルが組み合わされる。それがオートポイエーシスモデルだ。これは、たとえば生命体の遺伝子のようにたえず自分を再創出するメカニズムを意味し、「自己創発のメカニズム」とも言われる。

＊ **悟性的分析**　悟性は、もとカントの『純粋理性批判』での用語。人間の認識能力を感性、悟性、理性に分けて考えるが、悟性は、量、質、関係などの認識の概念的な枠組みを意味する。悟性的分析は、このようなカントの区分自体を批判的にみたヘーゲルの言い方で、ものごとを概念的な区分で整理分類して理解するが、本質的な理解とはいえない、という批判が含まれている。

ルーマンの「社会システム」のモデルはさらに展開されていくが、このモデルの複合的な組み合わせというアイデアは、社会理論をおそろしく複雑化し、膨大化し、抽象化することになった。だが、その根本性格は以下に要約できる。社会はきわめて複雑な構造をもつ。社会はその膨大化してゆく複雑さをたえず縮減(調整)しつつ、自己の定常性を維持する。この果てしない複雑さとその調整のシステムをいかに簡明にかつ正確に把握できるか。ここにルーマン社会学の中軸がある。《学問の利用可能性はただ「複雑性の把握と縮減」という定式で把握されうる、きわめて普遍的な問題定位の特例にすぎない。》(『法と社会システム』90頁 土方昭訳)

パーソンズとルーマンのシステム論社会学の根本テーゼをひとことでまとめると、社会とは自己維持し自己創出するきわめて複雑なシステムである、ということになる。それゆえそれは、類似的な複雑なシステムをモデルとし、それになぞらえて社会の複雑性を理解しようとする試みといってよい。こうした発想によって社会システム論はおそろしく複雑なものになったが、ヴェーバーが提起した「認識の客観性」の可能性という問題意識はほとんど抜け落ちている。ここでも、社会をそれ自体存在するものとみなし、その事実的な複雑性をいかに正確かつ精密に認識するか、というデュルケーム以来の社会の「本体論」が存続しているのである。

ルーマンのシステム論では、社会が価値的事象を含むことは意識されており、そのためさらに複雑な構造のモデルが試される。だが、そのモデルはどこまでも事象的構造のモデルであって、人間社会の価値関係を捉えるための方法原理とはいえない。このためルーマンの理論は、むしろ社会を、どのような観点からでも、何らかの複雑なシステムとして描き出すための便利なツールのようになる。

さて、ここまでを総括してみよう。コント以来の「社会科学」は、近代哲学を「形而上学」と見なして社会の新しい普遍認識を目ざした。しかし科学的方法を標榜して登場した二つの新しい社会理論は、この課題をよくクリアしたとはいいがたい。マルクス主義は一つの価値観を「唯一の正しい世界観」として置いたが、その「客観性」は検証されなかった。

デュルケームからパーソンズ、ルーマンへと進んだ主流の社会学は、方法的には複雑化したが、その方法は社会を「事実」「実体」として認識するものであり、いかなる観点が社会の普遍的な認識をもたらすかについての問題意識を方法としてもっていない。そして、この事情は社会学の分野にとどまらない。

コント以来の「社会科学」は、社会学、政治学、歴史学、経済学、宗教学等々といった新しい諸学科に分岐したが、心理学や倫理学を含め、どの領域においてもフッサールが示唆した諸説の乱立と異説の対立という事態が現われているからである。

われわれは、ニーチェとフッサールによる認識問題の解明という地点から、人文領域における普遍認識＝本質学の可能性を展望するためにここまで進んできた。だが、こう見てくると、ここには大きな困難があることが分かる。とくに「社会」という存在は、さまざまな様相、局面をもったきわめて複雑な構成体として存在する。そうした社会という存在を普遍的に認識することは、そもそも可能なのか。可能であるとすれば、それはいかなる方法によってか。われわれはこの問いに本質的な仕方で答えなくてはならないが、そのためにここで章をあらためて、現代の社会理論がどういう地平まで進んでいるかをもう少し確認しておく必要がある。

第六章
現代哲学と社会理論の隘路

一　現代の批判思想

従属する主体と支配

現代社会理論の一つの典型として、われわれは、ルイ・アルチュセール、フーコー、ドゥルーズなど、マルクス主義からポストモダン思想につながる社会批判の理論の系譜をもっている。その詳細については、これまでも詳しく論じたことがあるが、あらためてこれらの社会批判の共通の論点をいえば、社会を、権力支配のシステムとして把握すること、しかもそれを、個々の人間が自発的に従属する主体としてそれに馴致《じゅんち》されるような独自のシステムとして描く点にある（アルチュセール『再生産について』、フーコー『言葉と物』『監獄の誕生』、ドゥルーズ『アンチ・

オイディプス』など)。

たとえば、よく知られたフーコーの規律―訓練的システムの議論。近代に登場した工場、学校、軍隊などの組織では、時間、行状、態度、言葉遣い、性欲についての規律的訓練がシステマティックに遂行される。このシステムは、人間を一定の規律の枠内に置き入れ、その「矯正感化」に役立つ。反復的訓練とその規範化を処罰や褒賞と組み合わせ、そのことで規範への自発的な従属を作り出し、個々人のうちに、社会服従的な「よい―悪い」の価値評価を植えつける。こうした規律―訓練的制御のうちで、個々の人間は、支配的社会が望む模範的なモデルへと徐々に自ら従うようにさせられていくことになる。

この、主体の「無意識」を操作して支配の規範化へと組み込むイデオロギー装置(システム)としての「国家」、という像は、アントニオ・グラムシやアルチュセールなどマルクス主義思想家以来のものであり、ドゥルーズでもほぼ同じである。これらの現代社会批判としての社会理論は、われわれがたどってきた認識論的な観点からはどう評価できるだろうか。

これらの社会批判理論、とくにフーコーの議論に見られる個々の描写には大きな真実があり、現代の多くの人々が感じている社会の矛盾の感覚や圧迫感、閉塞感に強く訴えかける説得力をもっている。だが、それがもつ現実的な訴求力とは別に、その議論の構成は、本質的に「物語―説話」的な社会理論、つまり独断論に属するものだ。なぜだろうか。

天文学と占星術

カール・ポパー（一九〇二―九四）の『推測と反駁』に、人文領域における認識理論の困難を象徴するきわめて興味深い意見がある。彼はつぎのように書いている。

第一次世界大戦でオーストリア帝国が崩壊したあと、オーストリアにさまざまな新しい理論が登場してきた。自分はとくにアインシュタインの相対性理論に興味を引かれたが、そのほかにマルクスの唯物史観、フロイトの精神分析理論、アドラーの個人心理学などが人々の注目を集めた。しかし、これらの理論は、相対性理論とは大きく異なった特質をもつことに自分は気づいた。つまり、これらは科学の体裁をとってはいるが、実際には「科学よりも原始的な神話と共通した部分」があり、いわば「天文学よりも占星術に似ている」と思えた、と。

《わたくしは、マルクス、フロイト、アドラーの信奉者だった友人たちが、それらの理論に共通な多くの論点、とくにそれらの見かけ上の説明能力に驚いていることに気づいた。これらの理論は、実際上、それらが言及する領域内で生ずるあらゆる物事を説明できるように思われた。そのいずれかを研究すると、知的な回心ないし啓示といった効果が生じ、いまだに研究を始めていない者には隠されている真理に対して、新たに目がひらかれるように思われたのである。このようにして、いったん目がひらかれると、いたるところにその理論を支持する事例が見えるようになり、世界はその理論の検証例でみちあふれていることになる。何事が起っても、それは常に当の理論を確証していることになる。かくしてその真理は明々白々に開示されているように見え、それを信じない者は、明らかに、開示された真理を見ようとはしない者どもであって、真理を見るのを拒んでいるのは、それがその者たちの階級の利益に反しているか、あるいは未だに「分析」されずに治療を切望しているかれらの抑圧があるからなのであった。》（『推測と反駁』60頁 藤本隆志訳）

マルクス主義の描く国家の理論やフロイトの深層心理学説について、私もまた、まさしくポパーがいうとおりの「知的な回心ないし啓示」の体験をもったことがある。私だけではなく、私の世代の多くの人間はそうした体験をもったはずであり、さらにいえば、このような新しい世界像による「真理の啓示」の体験、いわば思想的な「結晶作用」*の体験は、世界宗教の発生の時代や近代に特有の世界観体験であると思える。

ポパーは、科学理論一般の普遍性＝妥当性を吟味するための優れた理論である「反証理論」の提唱者として知られている。彼によれば、マルクス主義や深層心理学は、独自の説得力によって多くの人々を引きつけるが、しかし「反証可能性」をもたないという点で実証的科学説としての妥当性を欠いている。

これらの理論の特質は、「じつは世界はかくかくの仕方で成り立っている」という一貫した世界説明と、ある場合には、その真実は何らかの理由で隠されているという独自の隠蔽説から成り立っている点にある。たとえばフロイト説に対する反論は、真の原因は「無意識」の構造なので自覚されない、とか、マルクス主義やポストモダン思想への異論は、主体が社会の支配構造に組み入れられ馴致されているために意識できない、等々と論駁される。

フーコーによる近代社会批判

フーコーは、『狂気の歴史』『監獄の誕生』などで、近代は人間の支配と抑圧の世紀であるという主張を展開したが、この主張は多くの学者たちの実証によって反証されている。一例を挙げると、スティーブン・ピンカーは十九世紀以後の急速な「人道主義革命」についてこう書いている。《この時代には初めて専制政治や奴隷制、拷問、迷信による殺人、残虐な刑罰、動物に対する残虐行為など、社会的に認められた暴力形態を廃止するための組織的運動が起こるとともに、初めて系統的な平和主義の動きが見られた。歴史学者はときに、この移行を「人道主義革命」と呼

＊ **結晶作用**　スタンダール『恋愛論』のよく知られた一節に、恋愛を「結晶作用」と捉えるくだりがある。ザルツブルクの塩鉱に枯れ枝を投げ込んで、しばらくたつと、枯れ枝が美しい塩のダイヤの結晶体となる。この事例になぞらえて、恋をすると恋人のあらゆる点がいっそうの美点として輝き出すという現象を、スタンダールは結晶作用と呼んだ。

ぶ》（『暴力の人類史（上）』17頁 幾島幸子ほか訳）。

注意すべきは、フーコーは、近代を人間の自由の主権性を剝奪して規律の中へ押し込める時代とし、そうした側面を示すデータを集めて詳細に描き出したが、ピンカーは逆に、近代を、大多数をなす最下層の人間が「人間」として認められてゆくプロセスとして克明に描いている、ということだ。両者は、まったく異なった主張をそれぞれ徹底的な実証によって証明しようとしている点が興味深い。

近代社会の「規律権力」が人間にさまざまな新しい規律を与えその枠の中に押し込んだという主張それ自体は正しい。しかしこのフーコーの批判の中心的な動機はどこにあるだろうか。この議論は、たとえば子供が家庭の中でさまざまな文化的規範を与えられてはじめて人間となることを「規律権力」と呼ぶことと、ほぼ等しい（ドゥルーズの反エディプス説*も同じ構造である）。しかしこのような社会批判は、近代社会を人間の自由の実現のはじめての試みとして認めるかぎり、根本的な顚倒といわねばならない。

近代の歴史を通覧すれば、近代国家が、人権、選挙、社会福祉を確保するための諸制度を徐々に整備してゆき、そのことではじめて人々に、「自由な人間」という観念とその現実的可能性を与えてきたことは疑えない事実であろう。そして右の諸制度の整備は、このための絶対的前提であり、すべての近代国家にとって不可欠な課題だったからだ。

たとえば、近代の学校教育制度なしには、人々に競争の機会均等の条件は与えられない。また、人間はみな同じ存在だという市民的メンバーシップの感度を育てる上で、学校ほど重要な場所はない。学校では、たしかにすべての生徒がみな教師の号令一下、言われるままに列を作ったり同じ作業をさせられたりする。しかしそれを理由に、ここには人間の自由の圧迫と強制がある、などと批判することには本質的な正当性はない。むしろ近代社会における「自由の相互承認」という理念から、現状の不十分さが批判されるべきなのである。要するに、このような批判は、はじめに「反近代」という強固な動機がなければありえないものだ。ここでは、あたかも人間の「真の自由」は一切の規範や規制のないところに成り立つ、とでもいった、人間の自由の条件についての素朴な錯誤がある。

近代の人間にとって不可欠な「自由の相互承認」を生み出すためのさまざまな諸制度のありようが、すべて誤ったものと見なされるのは、はじめに「近代社会」それ自体に対する強い否認があるからだ。フーコーは、近代社会の諸制度がもつ負の側面を描くという点ではきわめて大きな仕事を果たしたといえる。しかし、われわれが近代社会に代わるどのようなオルタナティヴをもちうるかという展望は、彼の仕事からはまったく取り出すことができない。

＊ **反エディプス説**　ドゥルーズは（ガタリとの共作）『アンチ・オイディプス』の中で、フロイトのエディプス・コンプレックス理論を、本来、散乱的に（多方向的に）発露するはずの人間の欲望を一定の枠組みの中にはめ込むもの、として批判する。これは、現代社会の文化的規範が、本来定型をもたない、人間の自由な欲望を一定の枠組みにはめ込むものだ、というフーコーの現代文化の主体支配論と、ほぼ同型の構造をもっている。

デリダの「贈与」という理想理念

ポストモダン思想のもう一つの社会批判理論の例として、ジャック・デリダの『法の力』を取り上げよう。その理由は、ここでは、社会の現状を相対化する批判ではなく、むしろ社会的な「正義」の根拠が論じられているからである。

デリダの「脱構築」の方法は、繰り返し指摘したように帰謬論的相対主義がその論理の核心をなす。ここでの彼の狙いは、国家がもつ「正義」や「法」の根拠を「脱構築」すること、つまりそれがどんな「正当性」の根拠ももたないことを示す点にある。デリダは、例によってきわめて難解な議論を展開しつつ、結局、つぎのようなきわめてシンプルな結論に行きつく。

《現前する正義には規定をなすだけの確実性が備わっているとする推定をことごとく覆す脱構築があるとすると、この脱構築そのものは、ある無限の「正義の理念」にもとづいて作用する。〔略〕この「正義の理念」は、その肯定的な性格において、破壊しえないものだと思われる。肯定的な性格とはつまり、交換することなく贈与せよと要求することである。》

（『法の力』63頁 堅田研一訳）

デリダによる「正義」と「法」の批判、その脱構築の論理を簡明化すると以下になる。

第一に、国家の「正義」や「法」は最終的にその根拠を「暴力」にもつ、それゆえそれはなんら「正当性」をもたない。第二に、しかし国家の「正義」や「法」が根本的に批判（脱構築）されうるのは、われわれがある無限な「正義の理念」をもつからだ。第三に、こうした無限な「正義の理念」は何ものによっても脱構築されえない。

この真の意味で「正義」と呼べるものの根拠は、われわれに絶対的に（条件なしに）贈与せよと命じる「何ものかの声」である。そして、この根拠だけは何ものにも批判されえず、脱構築不可能なもの、それ以外のどんな根拠にも還元できないものである、と。

ここでデリダが、「贈与」の観念を根拠として国家の正義や法を批判するのは、いわば異例のことに属する。本来あらゆる批判思想は、潜在的にその根拠を示す必要に迫られる。しかし相対主義思想は批判の根拠の普遍性ということを否定しているので、その根拠は、それ自体は相対化されえず、何ものからも批判（脱構築）されない絶対的な「超越項」の形をとる。デリダのいう「贈与」やレヴィナスのいう「他者」は、その典型例である。

だが、デリダの「贈与」という正義の絶対的根拠が、ほんとうに脱構築（批判）不可能かどうかを吟味してみよう。

世界には「正義」についてのさまざまないわば至上理念が存在しうる。ある宗教では神への愛と隣人への愛こそ至上のものであるし、別の思想では、「絶対自由」や「絶対平等」が世界の究極的理想となる。さらに「最高善」（すべての人間の道徳的完成。カントによる）、絶対幸福、完全な解脱の境地、また絶対救済なども至上の理想理念となりうる。そしてこれらの理想理念は、しばしば現在の社会や国家のあり方に対する批判の根拠となる。しかしこれら理想理念の設定による現実批判は、二つの問題を抱えている。

第一に、理想理念は決して唯一ではなく必ず複数存在する。そしてこれら理想理念は、「価値の多様性」の原則によって論理的には等価であり優劣をつけることはできない（社会的な実験が可能ならば一定の優劣は現われるだろうが）。このため理想理念による現実批判は、解決不可能なイデオロギー対立を生み出すことになる。

だが、まず「理想理念」の本質を観取することからはじめよう。およそ理想理念とは、近代の「自由の意識」（したがって現実に対する矛盾の意識）が人々にもたらす、人間と社会についての理想像である。その源泉は、ちょうど「まっすぐなもの」が理念化されて「直線」の観念となるように、われわれが生活の中でもつさまざまな徳目が理念化され、さまざまな現実の矛盾を克服すべきものとして「理想化」されるところにある。たとえば「正しさ」「幸せ」「自由」「愛」「公平性」「美しさ」「平和」といった徳目は理念化されて絶対正義、絶対幸福、絶対自由、絶対愛、絶対平等、絶対美、絶対平和などの「理想理念」へと結晶する。

どんな文化も宗教をもつが、宗教ではこうした理想理念は必然的に絶対化され、聖化され、つまり唯一の理想理念として、たとえば絶対神や悟達、解脱の境地といった形をとる。だが、近代社会においては社会の理想理念も必ず複数化し、理論的には決着しえない信念対立に陥る。その構造は、かつてカトリックとプロテスタントの信仰の対立が、おびただしい議論にもかかわらずどんな決着を見出すこともできず、最後には、大きな戦争以外の解決策をもたなかったことと同型である。

さて、デリダがここで「脱構築不可能なもの」として示している「贈与」なる理想理念の「正しさ」が、何に根拠づけられるかを考えてみよう。

贈与は、まず第一に、家族共同体における人間どうしの関係に現われる根本の徳目であり（ただしそれは純粋贈与というより、最も親密な家族内での物や財の共有ということを意味する）、また血縁的共同体の内部での相互扶助にもとづく徳目である。さらに共同体間では、敵意や戦意をもたないこと、好意をもつことを示しあう必要に、つまり暴力契機の縮減ということに大きな動機をもつ。さらに、たとえば、共同体の中に「持てる者」と「持てない者」の階層分化が生じ、それが社会に不安定をもたらすとき、共同体内での「贈与」はきわめて重要な徳目となる（古代ギリシャの初期ポリス共同体やイスラム共同体において）。

ともあれ、「贈与」という理想理念は、たがいに惜しみあうことなく共有すること、あるいはたえずより貧しい者に与えることが共同体の存続に必須のものとされるかぎりで、「正しさ」の絶対的アイテムとして理念化される理由をもつ。しかし、自由な競争を互いに認めあうという原則の上に立つ市民社会では、「贈与」は「持てる者」にとっての一つの「徳」にすぎなくなる。

つまり、「贈与」という理想理念はどこまでも共同体的な徳としての本質しかもちえず、自由な市民社会では、とうてい「正義」の絶対的な理念とはなりえない。

近代社会は「自由の相互承認」を原理とする社会であり、ここには、とうぜん経済競争の自由、つまり各人が対等なルールのもとで自分の利益を追求する自由が含まれている。「贈与」が絶対的な（相対化されえない）正義の基準となるなら、近代社会の根本的な営み自体が社会正義にもとることになる。要するに、「贈与」のような共同体的な徳目を理想化した理念は、たとえば「平等」や「隣人愛」や「利他」や、その他の理想化された任意の徳目とまったく同じ理由で、近代社会の「正義」の根拠とは決してなりえない。

権力と暴力の本質的な違い

結論はこうなる。デリダの「正義」論は、正義や贈与といったことがらの本質の洞察から出発していない。その根本の動機は、社会革命が生じるべきであるという一つの価値観、信念、希望にあり、「国家」の存在そのものを批判するために、「贈与」という絶対的な理想理念を持ち出しているにすぎない。そもそも国家は暴力によって成立するから、その「正義」「法」は無根拠だという論理は、「自由な個人」という近代的観念から生じたきわめてロマンティックな顚倒である。そしてここには、近代国家や権力の本質に対する根本的な無理解が存在する。

たとえばニーチェはまったく逆のことを主張している。つまり、「正義」は、善き人間でありたいという内的心意（たとえば「贈与は正しい」）からは現われえず、むしろそれは、強大な征服民族の圧倒的「力」によってはじめて可能となる。圧倒的実力をもつ権力が、強力な法の制定を可能にし、この法の実効性が、支配された人々の間にではあれ、対等と公正を創り出すからである、と。

《およそこれまで、法の司掌《ししよう》のすべてが、また法への真の要求が地上に根を下ろしてきたのは、いったいどの領域においてであるか？　反動的人間の領域ででもあったろうか？　断じて否である。反対にそれは、能動的な、強力な、自発的な、攻勢的な人間の領域においてであった。〔略〕正義が行なわれ正義が維持されるところではどこにおいても、より強い権力が下位の劣弱者ら（集団たると個人たるとを問わず）にたいして、そのルサンチマンの気違いじみた狂躁を取り鎮めるための手段を講ずるのが見られる。》（『道徳の系譜』449頁　信太正三訳）

ニーチェの意を誤解してはならない。ここで彼は、権力者による被支配者への強権的支配が「正義」と「法」の根拠である、と主張しているのではない。『道徳の系譜』を通読したものには明らかなことだが、ニーチェがいうのは、社会的な「正義」は、同情や憐憫といった人間の「善意」から実現されることはありえない、それは何らかの強力な権威と実力が「法」を制定し、それによって人々が、攻撃と復讐という「普遍闘争」の連鎖から〝力ずくで引き離されたとき〟、はじめて可能になるということにほかならない。

デリダのような反国家、反権力主義者が理解しないのは、およそ社会的「正義」の本質は、「法」による人々の普遍暴力（普遍闘争）の抑制ということをその根源としていること、このことが、まずは限定された形においてであれ、人々の対等な交換や交流という生活の基盤をはじめて保証するということ、さらに、近代社会の権力と「法」は人々の対等な相互承認にその根拠をおき、それゆえ権力と法についてそれ以上の「正当性」の根拠を取り出すことはできない、ということである。

デリダのみならず、フーコー、ドゥルーズなどの現代思想家は、おしなべて社会から国家の「権力」や「法」を取り払ったときに真の「正義」が可能となる、という素朴な、しかし強固なロマン主義的表象から逃れられないでいる。しかし人間社会は「法」なしに暴力を抑制することはできず、また権力なしに「法」を創り出すことはできないのだ。

全体主義やマルクス主義の権力による悲惨な暴力（膨大な数の粛清など）を目撃したヨーロッパの知識人は、総じて「権力＝暴力＝悪」という素朴な表象によって思考してきた。しかしこのような表象から自由であったきわめて稀な哲学者ハンナ・アレント（一九〇六―七五）はこう書いている。

《要約しよう。政治的にいうとすれば、権力と暴力は同一ではないというのでは不十分である。権力と暴力とは対立する。一方が絶対的に支配するところでは、他方は不在である。》（『暴力について』145頁 山田正行訳）

《権力は政治的共同体の存在そのものにほんらい備わっているものであるから、いささかの正当化（justification）も必要としない。権力が必要とするのは正統性（legitimacy）である。》（141頁）

つまりここではホッブズの原理、権力だけが「普遍暴力」を抑止するという洞察が、明瞭に共有されている。つまり、権力は悪でありいかに権力を脱構築できるかという問いは、ことがらの本質を見誤っている。権力なしに暴力を抑止しうる何らかの根本的方法があれば、権力を批判することには正当性がある。しかし、そうでないかぎりわれわれに残されるのは、まさしくルソーが発した権力の「正統性」（legitimacy）の問い、どのような社会がその統治権力を「正当なもの」とするか」という問いだけである。

ルソーの答えはこうだ。近代の市民国家だけが、統治権力の正当性を人々の「一般意志」に根拠づける。言いかえれば、専制的権力ではなく一般意志にもとづく人民統治だけが、普遍暴力を抑止するとともに人々に「自由」を確保し、そのことによって市民国家の統治権力としての「正当性」をうると。

アレントの「権力と暴力は対立する」、あるいは権力はその「正統性」(正当性)を要求するという言葉は、こうして、完全にルソーの社会原理と重なりあっている。アレントが簡潔な言葉で示した権力と暴力の本質関係を、デリダやフーコーはまったく理解していない。近代国家がしばしば独裁的体制となり権力を濫用したことと、ルソーやアレントが示している権力と暴力の本質とはまた別の問題であることを理解せねばならない。

現代の社会理論は、社会が客観的に「いかなる存在であるか」という事実学であることはできない。むしろそれは、何が社会の「正義」や「公正」の根拠たりうるか、また統治権力の正当性が何にもとづくのかについての普遍的な理論でなくてはならない。そしてその根拠は、デリダ的「贈与」やレヴィナス的「他者」といった任意の理想理念に求めることはできない。そうした理念は、現代社会の矛盾や問題点を人々に意識させることはできても、価値の多様性、あるいは理想理念の複数性という難問を克服する可能性をもたないからである。

この観点から見て、われわれは現代の社会理論のもう一つの重要な系譜をもっている。ジョン・ロールズ(一九二一—二〇〇二)の『正義論』を始発点とするアメリカ政治哲学の流れである。ここでは中心の主題が、何が社会的な「正義」や「法」の正当性の根拠となるべきかという問いにまっすぐに向けられているからだ。

二　アメリカ政治哲学の展開

ロールズの正義論

ジョン・ロールズ、ロバート・ノージック、アラスデア・マッキンタイアと続くアメリカ政治哲学の議論については、すでにおびただしい数の論評がある。ここではそれをくわしく追わないが、注意すべきは、一九七一年の『正義論』から出発したこの議論が、いまなおアメリカの政治思想における代表的な立場を表現するものとして生き続けているということだ。それが意味することを含めて、この議論を概観してみよう。

ロールズの『正義論』の冒頭には、社会における「正義」の基準を普遍的に設定できるか、という問いがおかれている。

《真理が思想の体系にとって第一の徳（the first virture）〔訳者注：何はさておき実現される価値〕であるように、正義は社会の諸制度がまずもって発揮すべき効能（the first virture）

である。》（6頁 川本隆史ほか訳）

思想の第一の徳（最も重要な主題）を「真理」と呼ぶ点はおくとして、少なくともここには、社会という複雑な構造をいかに「正確に」把握するか、といった事実学的前提は存在しない。問題はあくまで、社会にとっての「正義」の公準をいかに見出せるかという点にある。

まず「原初状態」という独自の仮説がおかれる。これは、たとえば、地球を捨てて別の惑星で生活することになった一団の人々が、新しい社会の「正しさ」の公準をどのように設定するだろうか、といった想定を意味する。ロールズはいう。「自分自身の利益の増進に関心をもつ自由で合理的な人々が」、共同で、「公正」で「正義」ある社会を創出するとすれば、この「平等な初期状態で受け入れるであろう諸原理」として設定されるのは何だろうか。

こうして、「正義の二原理」と「公正の原理」が根本の社会原理として設定されるが、とくに「正義の二原理」が重要である。

第一原理：各人は、他の人々の同様な自由の図式と両立する平等な基本的自由の最も広汎な図式に対する平等な権利をもつべきである。（対等原理）

第二原理：社会的、経済的不平等は、それらが(a)あらゆる人に有利になると合理的に期待できて、(b)全ての人に開かれている地位や職務に付随する、といったように取り決められているべきである。（格差原理）

ロールズは、「無知のベール」という思考実験的仮想をおき、誰もまだ地位が決定されていない社会創設の原初状態では、全員がこの「正義の二原理」を選ぶはずであり、それゆえこの「正義の二原理」は、全員の意志によって構成される社会における最も基礎的な「正義」の基準である、と主張する。

デリダの正義論が、絶対的「贈与」といった「超越的」な理想理念を一切の国家や法や権力を批判する絶対的根拠とするのに比べると、ロールズの理論の優位は明らかである。彼がここで立てているのは、社会「正義」の任意の理想理念というより、社会の成員に与えられるべき権利と、社会の財の配分の基準についての誰もが納得せざるをえない「正当性」の原理をいかに見出すことができるか、という問いだからである。そしてその「原理」の要点は二つある。

まず、対等な自由にもとづく民主主義的な社会が暗黙の前提とされていること（社会主義、アナキズムといった社会制度の可能性は排除されている）。つぎに、この民主主義的な社会では、富の格差についての（貧しい者への）配慮がつねになされるべきとされていること。

一見、この考えには普遍性（誰もが同意する妥当性）があるように思える。しかしロールズの『正義論』が登場するや、アメリカでは多くロールズの批判という形で、たちまち、何が社会的な「正義」の観念の公準となるべきかについてのさまざまな異論が現われた。ロールズへの反論を代表するのが、リバタリアニズムとコミュニタリアニズムである。

リバタリアンとコミュニタリアンからの反論

まず、リバタリアニズムとされるノージック（『アナーキー・国家・ユートピア』）が現われ、また、コミュニタリアンとされるマッキンタイア（『美徳なき時代』）やマイケル・サンデル（『リベラリズムと正義の限界』）、さらに、ハイエク（『自由の条件』）やロナルド・ドゥウォーキン（『権利論』）などが議論に加わる。ここで生じている対立の核心点は何だろうか。

ノージック（一九三八―二〇〇二）は、そもそも「国家」の存在自体を「正義」にもとるものとし、「正義」の根本の根拠は、ただ「個人」の不可侵な自由の権利、とくに所有の権利にのみある、と主張する（「権原理論」と呼ばれる）。つまり、はじめに個人の所有の権利をいわば社会的「正しさ」の基礎単位としておき、その前後にわたる個人間の正当な納得による獲得と交換だけが、財の所有についての正しさの「権原」（entitlement = 資格）を作る、とされる。

この考えからは、ロールズの示唆する「持たざる者」への財の再配分は、個人の正当な所有権原に対する国家の不当な侵害であり、「正義」にもとるものとして批判される。ノージックの考えの基礎には、一方にロック的な個人の所有の正当性の観念（労働する人間の所有権を神が認めるという説）があり、もう一方に反権力的アナキズムの思想がある。

つぎにコミュニタリアンのマッキンタイア（一九二九―）。次のような象徴的な言い方がある。

ロールズは、「権原の規範に反対して必要を顧慮する正義」に訴える。これに対してノージックは「配分上の規範に反対して権原の正義」に訴える（『美徳なき時代』303頁 篠﨑榮訳）。この二つの立場は、前者は一般に「善」と呼ばれ後者は「正義」と呼ばれるが、それ自体として両者の立場は「共約不可能」、つまり完全に対立的で調停不可能である。これを共約しうるものがあるだろうか。マッキンタイアによれば、それは「真価」（desert：賞賛に値する価値）の観念、つまり人間にとっての「善さ」といえる価値のありようである。

ロールズとノージックは「善」の基礎を暗黙のうちに個人の価値に置く。しかし彼らの立場は人間の「善さ」についての、つぎのような説明を欠いている。《その説明とは、真価の観念が、共有される善を追求する際のその共同体共通の仕事に対する貢献との関係で認められ、その観念が徳と不正についての判断の基礎となりうるような説明である。》（306頁）

つまりマッキンタイアによれば、人間にとっての「善」とは、本質的に「共同体的」なものである。人間は個人ではどんな善もなしえない。善は人間が「共同体」の人間的関係に属することによってのみ現われうる。つまり「真価」（賞賛に値すること）とは、人が所属する「その共同体共通の仕事」にどれだけ貢献しているかによってのみ認められるからである、と。

価値の多様性に阻まれる

以上のアメリカの現代政治哲学の流れを総括するとどうなるだろうか。ヨーロッパをポストモダン思想による相対主義的社会批判が席巻していたのに対して、アメリカ政治哲学が、社会の「正義」(あるいは善)の公準とその正当性の根拠についての議論を展開したことには、現代の社会理論として大きな意義が認められる。社会の「正義」の公準の問いは、社会理論の根拠づけにかんする重要な問いであり、もし大きな合意が見出せれば現実的な変革力を生み出す可能性があるからだ。

しかし、ロールズが開始したこの重要な試みは、最終的には何を社会正義の基礎とするかについての「価値の多様性」に阻まれて、典型的な仕方で挫折していることが分かる。この挫折の本質はどこにあるのだろうか。またそれを克服する可能性は存在するだろうか。あるいは、こう問うこともできる。三者の主張はどういう理由で個別的な価値理念にとどまり、社会理論の普遍的な基礎づけとなりえないのだろうか。

ロールズは、社会的「正義」の公準を「格差原理」におくが、この公準は「無知のベール」という独自の仮想的前提によって基礎づけられている。しかしこの想定は、一つの仮想的な仮説であって、哲学的に追いつめられたものとはいえない。ドゥウォーキンのつぎのような批判はそれをよく示している。《ロールズの契約は仮想的なものであり、仮想的な契約は、当該契約事項の執行が公正であることを示す独立的な論拠を提供しない。仮想的契約は単に現実的な契約の色あせた形態なのではなく、そもそも契約とは言えないのである。》（『権利論』198頁 木下毅ほか訳）

要するに、ロールズは「仮想的」契約の想定から、現実社会の政治の正当性の理論を創り出している。はじめに設定された契約が仮想的であることによって、ここでの「正義」や「正当性」の概念じたいが想像の産物にすぎなくなる、というのだ。

ドゥウォーキンの批判は妥当だが、こうつけ加えることができる。ロールズの「仮想的」契約説が何らかの普遍的原理を含むならこの仮想性は問題にならない。しかしロールズの「仮想的」契約説は、社会的な普遍原理として提示されているわけではなく、民主的社会では常に不利な立場にある人々の便益が配慮されるべきといういわば互恵的価値観をその動機としている、と。

つまり「格差原理」は市民相互の「恩恵的配慮」の原理であり、なぜ市民社会では恩恵的配慮が正当性をもつかまでは示されてはいない。そのことが直観されるために、異なった価値観からの批判が現われるのである。

じっさい、ロールズの互恵的配慮の原則に対するノージックの批判は、市民社会では自由な競争とその結果が重んじられるべきであるという感度からくる。それが、個人の自由（所有の権原）こそが最も重要な「正しさ」の基礎であるという主張を支えている。とはいえ、ノージックの権原理論も、やはり哲学的な根拠をもっているとはいえない。それは暗黙に、労働による個人取得は神によって正当な所有として認められる、とするロック説を踏襲しており、ヨーロッパ‐キリスト教的独断論といわねばならない。

個人の人権（したがって所有権）の絶対性はなんら普遍的な自明性ではない。後にみるが、この考えは近代市民社会が形成した「個人」観念の理念化から現われており（「個人は生来対等に自由の権利をもつ」）、民主主義社会では広く行きわたっている観念だが、哲学的には根拠づけられない。個人の自由の権利は、何ら生来のものではなく、社会内部での権利の相互承認によってはじめて創り出されるものだからである。

ルソーの言葉を使えば、人々の広汎な「合意」(convention)だけが、すなわち一般意志による統治権力の創設と「法」の実効が、個人の「自由」を実現するのであって、「国家に対する自由の優位」というノージックの論理はやはり顚倒したロマンティックな表象であり、その権原理論は、個人の「絶対自由」という価値理念の産物なのだ。

このために、ノージックの権原理論の独断論もまた、コミュニタリアンによる、「個人」なるものはそもそも共同体に属することによってのみ可能である、というロジックによって反駁されることになる。コミュニタリアニズムを代表するマッキンタイアの主張をひとことで言えばこうなる。共同体的な「友愛」が、市民社会的な「正義」、つまり個人の自由の権利に先行する、と。

《正義は、すでに構成された共同体内部でふさわしいことに報い、またそうすることで不履行を埋め合わせるという徳であるが、友愛は共同体を最初に構成するときに要求されるからである。》（『美徳なき時代』191頁）

しかし、「友愛」の原理が個人の「自由」の権利に先行するという原理、あるいは人間は個人である前に共同体の一員であるという価値の観念は、共同体の伝統的な倫理観であって、「市民社会」における社会的な正義の公準たることはむずかしい。

共同体とは、そこで「善悪」の基準がすでに同一性をもって形成されているような社会集合であり、その中核をなすのは同胞感情的一体感である。共同体的な倫理性は一つの価値観によって支えられねばならず、多数の価値観を許容することはできない。しかし、市民国家では、人種、民族、宗教などにおいて多様な共同体をそのうちに含み、価値観の多数性が現われる。そのため、市民社会では共同体的な同胞感情ではなく、市民的なメンバーシップの感度、つまり自分とは異なった価値観を互いに承認しあうという感度がこれに代替しなければならない。

市民的メンバーシップの育成に失敗すると、社会は複数の共同性、複数の価値観によって分裂し、その対立によって市民社会としての命を失うのだ。

さて、すでにわれわれは、ポストモダン思想が相対主義を武器とする社会批判を展開した結果、根拠をもてない「信仰主義」に陥るか、あるいは恣意的な「超越項」（「贈与」や「他者」）に依拠する以外の方法をとれないことを見てきた。一方で、ロールズ、ノージック、マッキンタイアに代表されるアメリカ政治哲学（ほかにも功利主義などがあるがここでは省いた）は、社会における「正義」の公準を任意の価値理念によって基礎づけようとする試みだが、この試みは、価値観の対立という難問を克服することができない。

このように、現代哲学（現代思想）は、これを追いつめると相対主義あるいは独断論という両極の方法しかとれないために、普遍的な「社会の本質学」に届く可能性を持たないのである。

われわれはすでに人文領域における「本質学」の可能性を示唆してきた。だが社会理論（社会思想）の領域は、とくに「価値の多様性」ということが大きな難問となる領域である。社会的な「正義」あるいはその「正当性」の公準を、普遍的な仕方で、つまりさまざまな価値観の相違にもかかわらず人々が同意するような仕方で根拠づけることは可能だろうか。次の最終章でこの問いを吟味しよう。

第七章
「社会の本質学」への展望

一　社会の本質学を構想する

はじめに、「社会の本質学」とは何かをもういちど簡潔に説明しておこう。

これまで見てきたように、十九世紀以後に隆盛した実証主義にもとづく人文科学・社会科学は、人文領域における普遍認識の確立に挫折した。これに対してフッサールによって構想されたのが「本質学」であり、その方法としての「本質観取」であった。ただし、フッサール自身による「本質学」の探求はほとんどその理念の提示だけに終わっている。そこで私は、フッサールの意を汲んで「本質学」の方法的原則を展開してみたいと思う。

すでにわれわれは第五章で「本質観取」の方法を確認してきた。たとえば人間にとって「不安」や「死」の意味（本質）が何であるかといった問い、いわば「人間の本質学」の問いでは、「不安」や「死」が人間の生にとってどのような普遍的意味（本質）をもつかについての、個々人の経験の内的洞察（本質観取）が不可欠となる。

しかし「社会」という対象は、認識対象として、人間の本質学に比べてさらに複雑な性格をもっている。それゆえ、社会の普遍認識としての「社会の本質学」の核心に近づくためには、きわめて多くの主題を適切な順序で追いつめて進まなくてはならない。ここでは、そのために必要な方法上の原則を考えてみよう。

社会の本質とは何か

「社会の本質学」とは、事実としての社会の実証的認識の学ではなく、社会がわれわれ（人間）にとってもつ「意味」（＝本質）についての探求の学、を意味する。それゆえ、「社会の本質学」を始発させるには、まず「社会の本質」が何であるかと問うてみる必要がある。

少し回り道をしてカントから始めよう。カントは『実践理性批判』で「徳福一致のアンチノミー」という興味深い問いを提示する。プラトンが『国家』で、「徳福一致」を、最も徳ある人間こそが最も幸福であるという仕方で論じたことはよく知られているが、カントはこれに対していう。現実には、徳ある人間が幸福になるという保証はどこにも存在しない。だが徳ある人間が不幸になり悪徳な人間が幸福になるような社会では、人間は善（道徳）をめがけることの意味と動機を失う。このアポリアを、カントは「徳福一致のアンチノミー」と名づける。

カントはこのアンチノミーの解決を「可想界」に求める。すなわち、もし神が存在するならば、最も徳ある人間が最も幸福であるような世界が実現する可能性がある、と。この状態こそカントの「最高善」の理念であり、ここからカントの道徳哲学における、「神」の存在は証明されないがしかし要請されるべきである、というテーゼが導かれる。

さて、ヘーゲルはこのカント説をつぎのように批判する。そもそもカントははじめに「自然世界」（感情や欲望の世界、つまり幸福の可能性の世界）と「自由の世界」（道徳の世界）とをはっきり分離しておき、後者から「道徳法則」を取り出したにもかかわらず、あとになって、この二つが一致しないのが問題だと不平を言っている。そして、ここに現われる矛盾（アンチノミー）を、「神の要請」という観念を持ち出して解決しようとする。つまり、ここでは哲学は、矛盾を解決するための条件を探求する思考ではなく、現実の矛盾を、「当為」（そうあるべき）の観念で埋めあわせる思考、つまりそうあってほしいという単なる希望の思考になっている、と。

ヘーゲルの批判は辛辣である。カントの、道徳と幸福が一致すべきという「当為」は、じつは、幸福は徳のない人々に属すべきではなく、自分のような徳ある人間に与えられるべきだ、という判断が動機になっている。つまり、《この判断の意味と内容とが嫉妬であって、この嫉妬が道徳性をもって偽装の手段としている》（『精神の現象学（下）』942頁 金子武蔵訳）。

ヘーゲルの言い分をさらに敷衍しよう。彼は『美学講義』でこう書く。近代が人間のうちに自由の精神を吹き入れて以来、人間は、現実社会と自由の理想の間との矛盾を強く意識する「両生類」となった。「現実と理想」の分裂の意識、つまり、現実社会がさまざまな人間的矛盾をもつものとして現われることが、近代人の自由の意識にとって必然的なものとなるのだ。そして、《一般の文化がそのような矛盾に巻きこまれたとなったら、その対立を解消するのが哲学の課題です。》(『美学講義(上)』60頁 長谷川宏訳)

ヘーゲルを補えばこうなる。「徳福一致」の要求は、自由な近代人の社会意識にとって、現実の矛盾を克服したいという一つの必然的な要求にほかならない。だがこの要求を「神の要請」の観念で埋めあわせること、つまり一致があるべきだという「当為」ですませることは、哲学の敗北にほかならない。むしろ哲学は、たとえば「徳福一致」ということが徐々に実現してゆくためには何が必要なのか、という課題へと進まなくてはならない。

哲学における社会の普遍認識とは、これを追いつめると、現実社会がもつ矛盾を克服するためには何が本質的な条件であり、課題なのかを普遍的な仕方で捉える努力でなくてはならない。

別の言い方もできる。ヘーゲルの考えがここで示唆しているのは、近代人にとって「社会」という観念は、現実と理想の間から現われる人間的矛盾を、可能なかぎり克服し解決しようとする要求、あるいはその可能性の観念としてである、ということである。このことは、われわれが抱く「社会意識」の本質というものを洞察すれば明らかであろう。

たしかに人は、日々の生活に大きな不満を感じていなければ、ことさら「社会意識」というものを持たなくても生きていくことができる。しかしたとえば多くの若者は、しばしばあれこれの思想に強く心を捕えられたり、さらには何らかの宗教の信仰に深く入り込むこともある。このとき人は「社会」というものを、現実の矛盾が根本的に克服される大きな希望あるいは可能性として、思い描いているのだ。

こうして、「社会」の認識とは、あるいはわれわれが「社会」なるものを認識しようとすることの核心的な動機には、社会的現実が生み出す矛盾をいかに克服できるかという問いが含まれている。そしてここに、「社会」なるものの認識対象としての本質があるといってよい。

すでに見てきたが、そもそも認識の本質は「欲望相関的」であって、何が最も必要とされ求められているのかに応じて（相関して）、認識されるべきものの核心が現われ出る。それを私は「認識対象の本質」と呼ぶ。われわれがいま社会の認識を必要とするとき、それは「社会はかくかくのものとして存在している」という事実の説明ではなく、いまある社会の矛盾を克服し、よりよい状態にもたらすには何が必要かという要求に応じる認識でなくてはならない。

こうして「社会の本質学」のはじめの前提が設定される。つまり、「社会の本質学」は、第一に、現代社会が生み出す人間的矛盾の中心がどこにあるかについての普遍的な探求でなければならない。第二に、また、この矛盾がいかなる方法で克服できるかについての普遍的な探求でなければならない。

そこで、この課題の探求の普遍性がどのように確保されるかがつぎの問題となるが、そこへ進む前に、私は、われわれがいま「社会の本質学」を必要とする現代的動機についても触れておきたい。

資本主義の現在

現代社会は、いま、人間の歴史における大きな「岐路」に立っている、と私は序で書いた。それはすなわち、近代哲学の設計図によって生み出された「自由な市民社会*」の理念、すなわち、万人の自由を権利として確保し、その上で、人間的自由が最も本質的な仕方で開花する社会をめがける理念の存亡を決するような岐路である。

現代社会が直面しているこの重要な岐路について、すでに私は『哲学は資本主義を変えられるか』で詳しく論じたが、大きな輪郭は以下である。

近代市民社会は、それまでの伝統的支配の社会とは、政治システムと経済システムにおいて大きく違っている。政治システムとしては人民主権がそのキーワードであり、経済システムとしては、（絶対的収奪と再配分ではなく）自由市場経済システムの形をとる。この自由市場システムの特質は、歴史上はじめて現われた、「生産性を持続的に拡大する経済システム**」という点にある。

この新しい経済システムは、産業革命を契機として「資本主義」に転化する。アダム・スミスは『国富論』で分業の意義について論じつつ、このことが唯一人民の希望となるだろうと予言したが、スミスの洞察は正しかった。資本主義はいたるところで交換と分業を促進し、そのことで社会の生産性を飛躍的に拡大するのだが、このことが一般の人々の生活を徐々に豊かにし、近代市民社会における「万人の自由の解放」の経済的な基礎条件を創り出したからである。

さて、近代社会の新しい政治と経済のシステムは、人々にまず職業の自由を、つまり経済の競争に参入する自由を与えるようになる。そこで何が生じたか。伝統的な社会では、宗教的な聖なる観念が、掟や戒律によって人々の欲望（自己中心性）をつねに制御していた。しかし、近代社会における自由の解放は、人々の自己中心的欲望を解放し、市民国家は、その本性において個々

＊　**自由な市民社会**　ロック、ホッブズ、ルソー、カント、ヘーゲルなどによって哲学的、理論的土台を与えられて成立した、市民の統治による近代社会の原理の理念。イギリス、アメリカ、フランスがその出発点となった。その内実については、この後詳しく論じる。

＊＊　**生産性の持続的な拡大**　前掲書で私は、経済システムとしての資本主義の本質を、歴史上はじめて登場した「生産性の持続的拡大」のシステムと定義し、その根本的なメカニズムの本質を「普遍交換」と「普遍分業」という二契機として示した。アダム・スミスによれば分業の進展こそが生産性拡大のカギを握るが（『国富論』）、ヨーロッパでは十四世紀以降、他の文明に先駆けて「普遍交換」、つまり商業路と市場の網の目の全般的な形成による「いたるところでの交易＝交換」の状態が現われ、それがまた、「いたるところでの分業」（「普遍分業」）を引き起こした。それまで比較的弱小だったヨーロッパ文明は十六世紀以後他の文明に抜きん出た生産力を身につけ、それが十八世紀以後のヨーロッパによる世界制覇の根本原因となった。

人の利益をめぐる恣意的な自由競争の世界となる。

実際、ナポレオン戦争が象徴するように、近代国家が成立して間もなく国家どうしの闘争が開始されるが、すぐにそれは、資源や市場をめぐる熾烈な資本主義間の普遍闘争へと転化する。そしてこの闘争はヨーロッパ列強による植民地戦争と帝国主義戦争となり、ついに二つの世界戦争というカタストロフィにまで行きつくことになる。ここで重要なのは、ヨーロッパの近代は、市民社会内部での自由の相互承認を徐々に実現していったが、国家間の相互承認については、これを推し進める原理もそのための条件も見出すことができなかったということである。

そのあと近代国家はどう進んだか。未曾有の膨大な戦死者を出した二つの大戦の反省に立って、近代国家どうしはようやく共存の可能性を模索する。国際社会は、国家間の利害衝突を戦争（暴力）によってではなく経済競争によって解決するという新しい国際関係を構築する。国際連合やブレトンウッズ体制などによる新しい政治経済の秩序である。

以後、「核の均衡」による冷戦構造という背景もあり、二十世紀の半ばにまでいたってようやく、先進国どうしの戦争がほぼ不可能となるという条件が生み出されたのである。注意すべきは、人類はこのとき、大国間のという限定つきとはいえ、歴史上はじめて、「普遍戦争」を抑止する国際関係のシステムを創り出したということだ。

スティーブン・ピンカーは事態を正しく見てとってこう書いている。《四つ目の大きな変化は第二次世界大戦後に起きた。戦後から現在までの三分の二世紀の間に、人類史における未曾有の

進展が見られた。超大国、そして先進国の大部分が互いに戦争することをやめたのだ。》（『暴力の人類史（上）』17頁）

もちろん、この世界的な普遍戦争抑止の体制は、ヨーロッパ列強による世界の全面的な支配（植民地化）という大きな悲惨を犠牲として成り立ったことを忘れてはならない。十九世紀以降の汎世界的な「近代化」は、ヨーロッパ列強による、中国、インド、中東の伝統的大帝国への強圧的な支配と植民地化という、矛盾に満ちたプロセスを通して実現されたのであり、そのことは、世界的な反ヨーロッパ、反近代の心意を生み出す大きな原因ともなった。

だが、一方で、第二次大戦後の普遍戦争の抑止の体制が生み出したものがある。植民地支配という体制の終焉、近代国家の経済的共存、そしてその結果としての一般大衆の福祉（生活水準）の向上である。

一九四五年から八〇年代まで、先進国はいずれもほぼ五％以上の経済成長率を保ち、それにともなって大衆消費社会の到来、市民国家の民主化、一般福祉の充実、中間層の拡大、そして富の格差の縮小という現象がはじめて現われた。この共存状態は、一九六〇年代にはのちに「東アジアの奇跡」と呼ばれる、途上国の急速な経済成長を生み出し、資本主義は途上国の搾取によってのみ進展するという、根強くあった「従属理論」を打ち消した。

現代資本主義は、このとき、二十世紀前半までの巨大な犠牲の上にではあるが、一つの希望の時期を迎えていたといえる。黄金の六〇年代という言い方があるが、戦後間もなくから一九八〇年頃までのこの時期を、私は資本主義のゴールデンエイジと呼んでいる。

暴力の支配か、自由の解放か

しかし、戦後資本主義の希望であるかにみえたこの進展は、一九八〇年代以降大きく変化する。すでに世界経済の大きな構造転換が七〇年代から生じており(主な理由は、生産拠点の途上国への移転、資源や石油価格などの高騰、先進国における消費の減退など)、八〇年代を境に世界の経済成長は大きく停滞し、先進国の成長率は軒並み三%以下へ落ち込む。そして、これを契機としてイギリスとアメリカの先導による先進国どうしの金融競争の時代がはじまる。

これによって世界の実体経済と金融経済の規模は完全に逆転し(九:一から一:九へという驚くべき報告がある)、その結果、戦後大きく縮小されていた富の格差は、八〇年を境に再び急速に拡大し始める。一%の富裕層が世界の富の八〇%以上を独占する、あるいは数十人の大富豪が世界の富の半分を独占するといった状態が、多くのデータによって示されている。

近代に始まった「自由な市民社会」の理念の成否は、資本主義が格差の拡大を適切に制御できるか否かにかかっているといっても過言ではない。なぜか。

格差の拡大は、必ず経済と政治の癒着をもたらし、金《マネー》の力によって政治ルールをねじ曲げ、富裕階層の特権を作り出す。これを象徴するのは、アメリカでの「ロビー活動」による政治ルールの〝買い占め〟という現象である（ロバート・ライシュ『最後の資本主義』を参照）。格差の拡大の放置は、「各人の対等な権限による統治」という市民社会の大原則を掘り崩し、民主主義それ自体を破壊するのである（つまり一人一票ではなく、xドル一票ということになる）。

格差の拡大の不可逆な進行は、国家間の経済競争を激化させ、そのことで地球の資源と環境の限界という問題をも解決不可能にする。さらに、最貧国の人間の絶望を深め、テロを含む世界大の「暴力契機」をいっそう高める。この二つの問題が生み出すのは、資源の絶対的希少化、生存競争の激化、そして核兵器技術の拡散などの要因による世界的な普遍戦争状態の再現、またその帰結としての世界的な絶対支配状態への逆行という可能性である。

つまり、この状況は、近代社会によって着手された「自由の普遍的解放」（戦争と絶対支配を終焉させて、万人の自由を確保し解放する）というプロジェクトを完全に挫折させるかもしれず、人類は、再び普遍戦争と絶対支配の体制へと逆戻りするかもしれない。このことは、百年以内、あるいは五十年以内というスパンで生じる可能性もある。

ちなみに、近年、先に引いたピンカーやハンス・ロスリングといった学者による、「資本主義の将来は明るい」という実証的な論証の仕事が話題になった。ともに多くの実証的データによって、世界全体としては差が縮小していること、また国内の格差の拡大は人間の幸福や貧困問題に悪影響を与えていないことなどを〝論証〟している。

しかし、これらの仕事はむしろ実証主義の欠陥をよく示している。実証主義はデータを扱う技術を高度化させるので、たとえばはじめに現代資本主義を肯定したいという前提的結論（信念）があれば、それをどのようにも実証的に〝論証〟できるからだ。

これはたとえば、前章で述べたように、フーコーが「反近代」の動機から出発して、近代社会の全体を反自由、反人間性の時代として論証したことと、ちょうど裏返しの関係にある。たとえばピンカーは、「世界を正しく認識するには『数えること』が大事」というが（『二十一世紀の啓蒙（上）』92頁 橘明美ほか訳）、膨大なデータはいくらでも信念補強的に使うことができる。それを適切に扱うには、多くのデータから普遍的な「本質」を取り出す本質観取の方法が不可欠なのだ。

ともあれ、ここでの要点は以下である。現在進行している格差の拡大は、これを修正できなければ、近代の「自由な市民社会」のプロジェクトにとって致命的なものとなる可能性をもっている。それは資源や環境の問題を解決不能にし、暴力契機を増大させて、人間社会を普遍戦争と絶対支配の世紀へと引き戻すかもしれない。これが、「分岐」の一方の道である。

この可能性は、貧困や犯罪が減少したといった個別的なデータとは別次元の問題であって、「自由な市民社会」の基礎条件が脅かされその存立自体が危うくなる可能性を意味している。

もう一方の道をつぎのようにいえる。資本主義がもし健全な仕方で発展するなら、すなわち富の配分の問題が適切に解決され、市民社会の過剰な競争原理が適切に抑制される方法が見出されるなら、高度資本主義におけるテクノロジーの持続的な（あるいは幾何級数的な）進歩と、それによる生産性の飛躍的拡大は、人々の労働時間を持続的にあるいは大幅に短縮してゆくことを可能にする。そしてこの状態の世界的な展開は、近代に発した「自由の普遍的解放」の理念にとって一つの新しい地平を拓く可能性をもたらす。

かつてマルクスは『資本論』の中で、(共産主義社会における)生産性の拡大は人々の労働時間を大きく短縮し、そのことで真の意味での「自由の王国」が可能となるだろうと書いた。つまり、労働時間の大きな短縮は、経済ゲーム(マネーゲーム)の重要性を引き下げ、文化的な諸ゲームの領域を大きく拡大する方向へと社会を導く。経済ゲームが唯一の中心ゲームとなるのではなく、多様な文化ゲームが沸き立ち、各人が自分の「幸福」と「善」を求めるという多様な生き方の可能性の条件がいっそう高められる。あるいは経済ゲーム自体が文化ゲームの一つとなる可能性もある。ここにわれわれは、近代哲学者たちが構想した「自由の普遍的解放」という理念の、一つの理想的範例を見出すことができる。

資本主義について楽観的な予想図を提示する人々は、現代資本主義がもつこうした明るい可能性の側面だけを見て、現在の危機的な状況の本質を見過ごしている。近代の「自由な市民社会」の理念が人間社会の新しい可能性へと向かう道を進むためには、第一に、富の適正配分の問題、第二に人口問題*の適切な抑制ということが絶対的な条件となる。そしてそのためには人間の社会

＊ **人口問題**　資本主義の未来に対して人口問題がもつ重要性については『哲学は資本主義を変えられるか』で論じた。ある人口問題研究所が二〇〇六年に示した予測では、二〇五〇年頃に現在の中国が日本並みの生活水準に達したとすると、それだけで資源的には地球がもう一つ必要となるとされる。このことは、現在の資本

がどこへ向かって進むべきかについての、人々の大きな合意の形成が不可欠なのである。

さてしかし、そうした未来の人間社会の構想についての人々の大きな合意は、いかにして可能となるだろうか。

二　本質学の普遍性を確保するために

いかにはじめの合意を設定するか

われわれは、「社会の本質学」を打ち立てるという課題が、いまや「人間の未来」にかかわる切迫性をもつことを確認してきた。しかしこの課題は、社会のあるべき構想についての普遍的な理論などは存在しえないという、現代の相対主義思想に阻まれていることをも見てきた。

社会の改変可能性への人々の要求は、それぞれがどれほど真摯な主張であろうと「価値の多様性」という困難を克服できないかぎり価値相対主義に道をゆずり、ただ現状の維持に寄与するだけである。このデッドロックを打開する可能性があるだろうか。

つぎのことを想起しよう。十八世紀後半のヨーロッパでは、自由の自覚が徐々に広汎なものとなり、絶対主義体制の矛盾が覆いがたく露呈され、そして知識人を中心とした多くの人々がアンシャン・レジーム（絶対君主とキリスト教会の権威）に反対していた。ロック、スピノザ、ヒューム、スミス、バーク、ヴォルテール、モンテスキュー、ディドロといった新しい啓蒙思想家、哲学者たちが現われて、社会と政治についてのさまざまな思想を競いあった。しかし、それらは徐々に、一つの明確な社会原理へと形づくられてゆくことになる。

社会に対する人々の新しい要求は「自由」というキーワードによって焦点を結び、やがて近代市民社会という新しい社会の構想へと結実し、イギリス、アメリカ、フランスという近代国家を生み出した。絶対権力による支配を排除して各人の「自由」を確保するという、人類史上画期をなす新しい国家の体制、「近代市民国家」の登場であった。

このとき、現実社会に対する人々の要求はもちろん多様なものであったに違いない。しかし、多様な要求は、さまざまな思想と議論の渦の中で鍛えられて徐々に大きな要求として統合されてゆき、またそれに応える明確な社会原理の登場によって、人々の欲望を社会の現実的な変革へと向け変えたのだ。いま振り返れば、ここで人々の多様な要求がどのような「大きな合意」へと形成されたのかを知ることができる。すなわち、一切の絶対権力を排除して人民自身の統治を創出すること、ここに人々の合意の集約点があった。

私は、この新しい近代国家の原理を「自由な市民社会」の理念と呼び、それを支えるものをホ

主義が生産性を大きく拡大させても、これと平行して人口の適切な抑制が行なわれなければ、人類は環境と資源の限界という問題をクリアできないことをよく示している。

ッブズ、ルソー、ヘーゲルらの社会哲学の原理として示してきた。

われわれはいまつぎのように問うてみよう。なぜ彼らの社会哲学の原理は、任意の価値理念であることを超えて、人々の多様な要求を集約する普遍的な社会原理となりえたのだろうか、と。

三つの社会原理——普遍戦争・一般意志・相互承認

すでに示唆したように、現代哲学では、この三人の社会哲学の原理が近代の自由な市民社会の基礎設計図となったということが、そもそも十分に理解されていない。あるいはむしろ、現代社会の現状に対する批判の中で、「近代社会」自体が疑問視されてきたのである。

そこで私は、三人の哲学者の社会原理をもういちど簡潔に要約しつつ、これを「自由な市民社会」の理念の根本的な基礎をなすものとして再構成してみたい。そのことで、この社会理念が、なぜ「普遍的な社会原理」となりえたかの理由が明らかになるはずだ。

あらかじめ言えば、「自由な市民社会」の理念は、ホッブズの「普遍闘争」、ルソーの「社会契約」と「一般意志」、ヘーゲルの「相互承認」「一般福祉」などの原理をその基軸としている。

まずホッブズ説を簡潔に要約すれば、普遍戦争の根本的な理由は「相互不安」であり、それゆえ普遍戦争を抑制する原理は強力な国家統治以外にはない、となる。すでに見たように、普遍戦争の根本原因を「不安」とするホッブズ説には、さまざまな反論がある。もとは人間は平和に暮らしていた（ロックや初期のルソーほか）、また戦争の原因は「利害の対立」や「支配者の欲望」である（これはホッブズも指摘している）、あるいはさらに「人間の欲望」さらには「人間の本能」ではないか、などという考えもありうる。だが重要なのは、戦争の根本原因としての「不安」という言葉は、戦争を抑止するための根本原因をも示しているという点だ。

なるほど利害対立や人間の欲望も戦争の原因だといえるが、このような「原因」をいくら積み上げても、戦争を抑止するための思考にはつながらない。そう考えるとホッブズの思考の卓越性が理解できる。

すなわち、強力なルール（法）とペナルティのシステムによって、領土内の一切の「私闘」が禁止され、利害の対立はすべてルールによる調停に服する。このことで「不安」が抑制され、はじめて普遍戦争が抑止される。この考えの核心的含意は、ここに「国家」そして「統治権力」の本質的な存在理由がある、という点にある。

ホッブズの考えは、「国家権力」を否定する人々から長く批判を受けてきた。しかし、人類の普遍戦争と絶対支配の長い歴史の事実自体が、なによりホッブズの原理の正しさを示しているし、この事実を説明する上で、ホッブズを超えるより説得力ある原理はまだどこにも見出せない。

つぎにルソーの「社会契約」と「一般意志」の原理。その要諦は以下である。もし各人が自由を欲するなら、各人が互いに他者の自由を認め、その上で対等な権限による「社会契約」、つまり人民権力を創設する契約を行なう以外に方法はない。またそれゆえ、人民権力による統治の正当性は、人々の「一般意志」を代表しなければならない、という点にある、と。

バートランド・ラッセルは、ルソーの理論は全体主義のイデオロギーだという的の外れた批判を広めた張本人だが、これも、第二次大戦の主な原因となったナチズム、全体主義国家、ナショナリズム国家の権力に対する反感から現われた意見にすぎない（ロックからはチャーチルが生まれ、ルソーからはヒトラーやスターリンが生まれた、とラッセルは『西洋哲学史』で言う）。

ルソーの「一般意志」はたしかに分かりやすい概念ではない。それを示す最も代表的な箇所は以下である。

《全体意志と一般意志には、しばしば多くの差異がある。一般意志は共同利益にしか注意しないが、全体意志は私的利益を注意するもので、特殊意志の総和にすぎない。しかし、この特殊意志から、相殺される過剰の面と不足の面を除去すれば、一般意志がその差の合計として残るのである。》（『社会契約論』252－253頁 井上幸治訳）

ここでルソーは「全体意志」「特殊意志」という概念を補助線として、「一般意志」の考え方を説明しようとしている。私の考えでは、この説明は、「一般意志」についての多くの混乱した、また誤った議論を生じ、長くルソーの根本のアイデアが覆い隠されてきたことの大きな原因となっている。* この説明を字義通りに解釈するのをやめて、私は、ルソーがこう考えたに違いないという理路をここに示そうと思う。

解決されるべき課題はこうだった。「普遍戦争」を抑制するには、ホッブズが示したように国家統治が不可欠である。しかしそれまでのほぼすべての国家統治は、人々に絶対的な隷属の状態（自由のない状態）を強いた。そこで、統治が不可欠だとして、しかし各人が「自由」を確保できるような社会のシステムは考えられないだろうか。ルソーはこう書く。《この問題なら解くことができると思う》（同前232頁）、と。

ルソーはその原理を「社会契約」と「一般意志」の言葉で示したが、彼のアイデアの意味は、誰が考えても一つしかない。全員が、絶対権力（王権と教会権力）を排除して、対等な権利で自分たちの統治権力を創り上げるという「意志」をもち、この「意志」を現実化すること（社会契約）である。またこのことから、政治統治と法は必ず「一般意志」を代表せねばならない、ということが必然的に導かれる。

＊ **一般意志の概念の核心**　ルソーの『社会契約論』の注は、「一般意志」の概念の核心をよく示している。彼は、ダルジャンソンの「二つの特殊利害の一致は、第三者の利益に対する反対によって成り立つ」という言葉をひいて、つぎのように書いている。《ここに彼は、あらゆる人の利益の一致は、各人の利益に対する反対によって成り立つ、と付け加えることもできよう。》と（『社会契約論』253頁）。ルソーは事態を正しく洞察している。要するに、近代社会では人々の多様な利害や価値観の相違が前提とされるが、人々が「一致」を見出すのは、それぞれの利害に対する「反対」（絶対権力）の存在によってである、というのだ。

いかにして自由な社会が可能となるかという問いに対するルソーの考えの核心は、私としてはいま述べたことで尽くされていると思う。また、私の考えでは、ルソーのこの簡明な社会原理こそは、近代にはじめて現われた「自由な市民社会」の理念の核心をなすものである。

だが、そもそもヨーロッパ近代や国家権力というものに疑念をもつ人々は（ラッセルはその一人だが）、この簡明な原理にさまざまな疑問や異議を置くことができるし、実際に多くの批判的議論が現われた。私はそれらの多くの議論を逐一反駁するのはやめて、ルソーの原理をつぎのように言い換えてみよう。そして、社会の成員が対等な仕方で自由を権利としてもちうる社会の原理として、他の考え方が存在するかどうか熟考するように読者に促したいと思う。

たとえばわれわれがゲームを行なうとする。このゲームが、誰からも不平の出ないフェアな（公正かつ公平な）ゲームであることの本質的な条件は何だろうか。

それは、まず、メンバーが互いに対等なプレーヤーとして認め合うこと。つぎに、全員が同じ一つのルールにしたがっていること（それゆえ特権や差別がないこと）。そして、このゲームのルールが、超越的な外的権威をもたず、つねにメンバーの合意によってのみ変更可能であること。これでほぼすべてである。

「社会契約」と「一般意志」というルソーの概念は、このようにデフォルメされることで、「自由な市民社会」の根本原理を明瞭に示すものとなると私は考える。これは近代社会の理念を表現するのに、あまりにシンプルすぎる譬《たと》えだろうか。私はそうは思わない。ルソーやヘーゲルのやや難解な文章を理解するとき、私はいつもこの「完全にフェアなゲームとしての社会」、という像に立ち戻り、その都度大きな納得にゆきつく。

さて、最後にヘーゲルの原理。ヘーゲルの功績は、ホッブズとルソーの社会原理を正確に受け取り、これを継承して「近代国家」の公準（存在理由の本質）を哲学的に根拠づけた点にある（『精神現象学』および『法の哲学』で展開されている）。ただし、ヘーゲルの国家論は、時代的制約から立憲君主的国家の体裁をとっており、われわれはそれに多少の修正を加えねばならない。その上で、その中心概念を取り出せば、第一に「主奴論」、第二に「自由」の本質論（「相互承認」と「法の本質」）、第三に、市民国家の本質論（「一般福祉*」と「普遍資産」）となる。

まず「主奴論」は、ホッブズの普遍戦争原理を人間の自由の本質論から再構成したもので、そ

＊ **一般福祉**　ヘーゲルの『法の哲学』は「近代国家」の哲学的基礎づけの仕事だが、ここでヘーゲルが示す大きな「国家」の本質は以下である。ヨーロッパ世界は、徐々に自由の相互承認を育てて経済的な自由競争の領域を拡大してきたが、この相互的な自由の領域を「市民社会」と呼べる。しかし市民社会は、人々の自由な欲望が解放される世界であるため、恣意的な「欲望の体系」（欲望がせめぎあう競争的世界）となる。ここから市民社会は格差をはじめとするさまざまな矛盾を生むが、しかし市民社会それ自体には、この矛盾を克服する原理は存在しない。そこで「国家」がこの矛盾を調停、克服する役割を担う。そうした国家の本質をヘーゲルは「人倫」と呼び、またそのための方策をすべての人々の幸福（＝福祉）に配慮するものとして、「普遍福祉」と呼んだ。「普遍福祉」はやや抽象的なので、私はこれを、人々の「一般意志」に対応する形で「一般福祉」と呼び替えている。

の主意は以下のようだ。人間はかつて自由であったためしはないが、しかし自由を求める本性をもっている（他人への従属を嫌う）。そのため人間は承認をめぐる普遍的な戦いに入り込み、その結果、人間社会は普遍的な「主奴関係」（絶対支配）の構造となる。この矛盾の根本的解決策はただ一つであり、それが自由の「相互承認」である（「相互承認」がヘーゲルの術語だが、その含意をより明快にするために私はこれを「自由の相互承認」の概念で呼んだ）。

近代国家の「法」（Recht　この語で正しさ、権利、法の概念を示す）の本質は、この相互承認から現われる人間の「自由」を制度的に実現することにある《法ないし権利はそれゆえ総じて自由であり、理念として有る。》〔『法の哲学』219頁　藤野渉ほか訳〕

ヘーゲルはここから、近代国家の本質（存在理由）を、人々の「一般福祉」（福祉 Wohl = 幸福）の実現にあるとする。またヘーゲルは、近代社会を各人が自分なりの「幸福」や「善」を求めて生きることが許容される社会ととらえる。国家が人々の「一般福祉」を配慮するとは、具体的には人々の生活水準が持続的に高まることだが、それは単に人々の暮らしが豊かになるということ以上に、誰もが自分の生き方を追求できるその一般条件が向上すること、つまり、個々人の自由な実存可能性の条件が高まるということを意味する。

最後に「普遍資産」。ヘーゲルによれば、市民社会では、人々の働きは「万人の依存関係」という関係に入り込み、この関係性じたいが社会の「普遍的で持続的な資産」となる（『法の哲学』429頁）。この含意も重要である。つまり、市民国家の富は成員全体の協働による産物（普遍資産）

であり、したがってそれがいかに配分されるかは、あくまで「一般意志」の原則、すなわち成員の総意によって決められるべきもの、ということになる。

条件法が可能にする「大きな合意」の形成

いま私は、ホッブズ、ルソー、ヘーゲルの考えを、「自由な市民社会」の理念の核心をなす社会原理として再構成した。さてしかし、この社会原理は、任意の社会原理、ロールズの互恵的原理、ノージックの「所有の権原」の原理、マッキンタイアの「美徳」の原理とどう違うのか。またその他の社会原理、宗教共同体の原理や、民族的一体性の原理や、徳治主義の原理とどう違うのだろうか。

「自由な市民社会」の原理には、他の任意の原理と決定的に異なるところがある。その要点は一つだ。つまり、この「自由な市民社会」の原理だけが、「普遍戦争」を抑止しかつ多様な価値の共存（自由）を可能にする「唯一の原理」である、ということだ。

すでに見てきたように、ホッブズ説では、強力な統治だけが普遍戦争を抑制する。しかし歴史は、共同体的、専制的な統治は一定の領域内の普遍戦争を抑止するが、共同体間あるいは国家間の普遍戦争を抑止できないことをはっきりと示している。ここには「相互承認」の原理が存在しないからである。「自由な市民社会」だけがそのうちに「相互承認」の原理を含み、そのためそれは、市民国家間の「相互承認」へと拡大される可能性をもつのである。

さて、「自由な市民社会」だけが多様な価値の相互承認の原理をもつこと、このことからわれわれは、アメリカ政治哲学における社会的「正しさ」の公準の探求がなぜ挫折したのかを理解することができる。たとえば、リバタリアニズムは個人の所有の「権原」に正しさの根拠をおき、コミュニタリアニズムは共同体的美徳にその根拠をおいた。しかしこれらの「公準」は、特定の価値理念であって、市民社会の「正しさ」の公準たることはできない。

ノージックの「権原理論」は、すでに示唆したようにロックの天賦人権的な考えを背景にもっているが、これは、労働によってえられた産物はその人間の所有に帰すべしという一つの「理想」（当為）にすぎない。このあるべき理想は、しかし普遍戦争の原理の前ではまったく無力であることはいうまでもない。あらゆる権利、権限は、ルソーやヘーゲルがいうようにただ人々の「合意」（あるいは約定《やくじょう》）によってのみ確定される。つまり、個々人の所有権の正当性は「一般意志」（人々の合意）にもとづく統治権力によってはじめて確立されるのである。

コミュニタリアンが主張する「共同体的な善」という主張も、価値の共存の原理をそのうちに含んでいない。たとえばサンデルはいう。道徳的・宗教的教義に対して中立的であるべきとするリベラルは間違っている。なぜ信仰の自由が権利として認められるべきか。それは個人の信仰の「自由」という観念にもとづくのではなく、宗教が「善き生」を促進してよき市民を作り上げるような徳性をもつからである、と。《私の見解では、〔略〕権利はそれが役立つ目的にある道徳的

重要性にその正当化が依存しているというものである。》(『リベラリズムと正義の限界』第二版viii頁 菊池理夫訳)

だが、「自由な市民社会」の原理からは、市民社会においては、宗教(あるいは信仰の自由)は、それがもつ道徳的教義の重要性によってではなく、多様な価値の相互承認なしには市民社会自体が存立しえないという理由によって正当化される。もしそうでなければ、かつてヨーロッパが体験したような宗教的教義の間の深刻な対立がたちまち生み出されることになる。

ロールズについてはこういわねばならない。成員の間の互恵的な理念は、「一般意志」にもとづく統治という原理から考えないかぎりは任意の価値理念となり、そのためにノージックのような対立的価値による反駁を生み出す、と。

他方で、これまでも述べてきたように批判的相対主義者はこう主張する。社会のうちに価値の多様性が存在しうることこそが重要であり、社会的な「正しさ」(正当性)の公準を一つに定めることの危険に気づくべきであると。だが、このようにいうとき、相対主義者たちは、価値の多様性ということを一つの「当為」(理想)として語っているにすぎない。

現在、この「価値の多様性」の考えは、ほとんど誰も表立って反対できないような一般的に承認された観念になっている。しかしなぜ「価値の多様性」が市民社会において不可欠なのかを、またいかなる原理でそれが可能となるのかの根拠を、相対主義者たちはつきつめて提示することができない。むしろ、相対主義の考えからは、「価値の多様性」の考えも「価値の絶対性」の考

え も等価であるという主張も必然的なものとして導かれうる。メイヤスーがいう思想の「信仰主義」とはまさしくそのことを象徴している。*

さて、この問題の要点は以下である。

私はいま、「自由な市民社会」の原理を再構成して明示したが、これが普遍的な社会理論の基礎となる理由は、この原理がわれわれにとって一つの明確な「条件法」の形をとっている点にある。もしわれわれが単に、何が人間にとって「よい社会」であるかと問うなら、「よい社会とはこれこれである」という形でたちまちきわめて多くの理想理念が現われる。それらは価値の多数性の原則から「等価」なものとなって、どんな普遍的な原理も見出すことができない。

しかしここに一つの条件法を置けば事態は違ってくる。すなわち、普遍戦争を抑止しかつ人々の自由を可能にするために、どんな社会が必要なのか、と問えば、その答えには理想理念や相対主義的主張が入り込む余地がなくなる。すなわち、哲学の歴史が示唆しているように、「誰にとってもこう考えるほかはない」答えとして、「自由な市民社会」という原理が提示されるのだ。

「選別する思想」の必要性

つぎのような異論は成立するだろうか。第一に、なぜ「自由の市民社会」の原理だけが「唯一のもの」であり、他の可能性の原理が存在しないと言えるのか。それはむしろ「ヨーロッパ的なもの」こそ正しいという押しつけではないのか、と。これについてわれわれは、そもそも「社会的な価値理念の多様性とは何か」という問いを置いてみよう。

社会的な価値理念の多様性は、単に人間の価値観の多様性から生じるというだけでは十分ではない。社会的な価値理念は、大昔からいくつかの典型的な範例をもっている。「万人の救済」「万人の幸福」「絶対平等」「絶対自由」「世界の道徳的完成」等々。すでに示唆したように、これらの理想理念は人々の生の矛盾の意識から育つので、人々がどのような条件で生きているかによって多様性をもち、この矛盾の意識の多様性が異なった価値理念として表現されるのだ。

それゆえ、一つ一つの矛盾の意識には大きな理があるが、個々の理想理念はそれ自体としては普遍性をもちえない。そして、このことから導かれるのは、各人の多様な価値理念がコンフリクト（葛藤）を生じず、共存しうるような社会原理、つまり、異なった価値観が他を排除せず承認しあう限りで許容される「自由な市民社会」の原理だけが普遍的なものとして残される、という

＊**価値の多様性**　アメリカ政治哲学における価値の多様性は、事態の一局面にすぎない。たとえば、現代の政治思想はきわめて多様な主張の分化を生んでおり、主なものを概観するだけでもおびただしい数にのぼる。自由主義的民主主義、社会民主主義、アナキズム、共産主義、宗教原理主義、宗教民主主義、宗教的社会主義、プロレタリア民主主義、徳治主義、封建主義、民族主義、共同体主義、コーポラティズム、宗教原理主義、国家資本主義……等々。これらの政治理念は、どれも任意の政治的理想理念であって、決して普遍的な社会理念たることができない、と私はいおう。

ことである。
もう一つの重要な異議も予想される。「自由な市民社会」とは、要するに、現在の民主主義的な先進国の政治的原則を意味する。だとすれば、いまこの「自由な市民社会」の原理を擁護することは、世界の現状を是認し、肯定することにすぎないのではないか、現状を変えることが問題であるなら、むしろ新しい政治原理こそが必要とされるのではないか。この疑義は、マルクス主義の挫折以後ほぼ半世紀近くにわたって、私の世代を含めて多くの人々が抱いてきた「近代社会」に対する疑義でもある。そしてまさしくこの疑義は、私にとって、長く哲学の世界に入り込み、さまざまな可能性の原理を検証することになったその根本の理由だった。

しかしその上で、私は、さまざまな社会原理の本質を哲学的に吟味するかぎり、人間社会が向かうべき未来の可能性として、「自由な市民社会」の原理以外のものはまだ見出されていないと主張する。言いかえれば、いま資本主義の現状を変革する必要があるとすれば、それを批判する上での普遍的な「正当性」は「自由な市民社会」という理念*以外にはないということである。

人間社会の未来を、諸国家の共存とその相互承認の状態として思い描くかぎり、すなわちさまざまな人間と共同体（国家）が、各自の仕方で価値の自由を追求し、しかもそれが共存しうるような社会を思い描くかぎり、われわれは、そのうちに相互承認の原理を含む「自由な市民社会」の原理から出発し、これを市民社会から国家間の関係へと転移してゆくという道すじを進む以外にはないからである。

かつてニーチェは、近代を生きる人々に、キリスト教的生に固執するかディオニュソス的生(自由なエロスの肯定の生)を生きるかの二者択一を、「選別する思想」として示した。われわれもまた、普遍的な社会思想にもとづく「選別する思想」を必要としている。

ひとことでいえば、われわれは、近代の「自由な市民社会」のほかに、真なる「人間社会」を実現するような可能性がどこかにあるはずだという希望をはっきりと断念するとき、はじめて新しい人間社会の可能性をつかむことができるのである。

社会の本質学の根本原則

ここまで、人文領域における哲学の普遍認識の可能性という主題から、「社会の本質学」の可能性という問題へと進んできた。私がこの章で示してきたことを要約すれば以下になる。

現在、多くの人々が現代社会は変革されるべきだと考えている。しかしそのために必要な社会理論の構想が、価値理念の多様性の問題と相対主義の思潮によって長く阻害されてきた。このことが、人々から現代社会の矛盾を克服する可能性と希望を奪っていたのである。

＊「自由な市民社会」の理念　「自由な市民社会」の理念は、この社会原理が一国内にとどまらず、さらに世界的な国家間の共存の状態として展開されるべきという目標をそのうちに含んでいる。

だが、問題を一つの「条件法」として前提すること、すなわち、普遍戦争の抑止かつ人間の自由の解放が可能となるにはどのような原理が必要か、という条件法を置くことによって、社会の普遍的理論、すなわち「社会の本質学」は可能となる。このことを示すことによって、私としては、読者を「社会の本質学」の入り口の場所まで導くことができたように思う。

もちろんすでに示唆したように、その具体的内容に踏み込むことは本書の主題ではなく、別の一冊の書物を必要とする（『欲望論』第三巻でそれを準備している）。そこでここでは、「社会の本質学」の方法の根本原則を整理して、提示しておきたい。

第一に、社会をどのような関心から認識すべきか、を定めること。すでに見たように、現実世界が生み出す矛盾の意識こそがわれわれに「社会とは何か」と問わせるのであり、それゆえ、「社会」はこの矛盾をたえず克服する可能性、あるいは希望として把握されねばならない。

第二に、ここから、社会は、単に、複雑なシステムや構造の事実性としてではなく、人間が受けとる矛盾がたえず改変される可能性のシステムとして、つまり本質的に、〝改変可能性の構造〟として把握されねばならない。

社会の構造やシステムをどのような複雑なモデルとの類比によって描こうと、それは、近代の市民社会が、「一般意志」つまり人々の相互承認の意志によって形成された信約の集合体という本質をもつことを、把握できない。それが把握されなければ、社会がさまざまな問題を生じるとき、いかにして、またどのような方向へとそれを改変（改善）すべきかについての根拠を取り出すこともできない。あるいはこれを逆に言うこともできる。社会を、人々によってつねに改変可能な構造体という「本質」として捉えるなら、近代市民社会は「一般意志」によって構成される「ルールゲーム」として把握されねばならない、と。

第三に、これを受けて、統治は「一般意志」の最善の表現をその根本理念とせねばならない。社会を、たえざる改変可能な構造として捉えるとき、最も重要な概念となるのが「一般意志」の概念である。近代の市民社会の根本構造は、人々の「一般意志」(集合的意志と呼んでもよい)による統治権力の創出と、この「一般意志」の表現としての統治をその基軸とする。

このことで、市民社会は、そこに現われる矛盾や問題が「一般意志」による政治的、経済的なルールの変更によって、つねに改変されうる構造として把握される。

だが、改変はいかにして実現されるのか。「一般意志」が、つねにより正当性をもつ仕方で「表現」されることによってである。その原理はこうである。

市民社会の統治は、「一般意志」を、「法」と「施策」によって代表し、表現することによってその正当性をうる。しかし、一般意志は、つねに完全な仕方で「表現」されることはありえない。にもかかわらず統治は、つねに「一般意志」を最善の仕方で表現するという努力を、本質的な義務として負っている。ここではそれを、人々の総意が可能なかぎり適切な仕方で法と統治に表現されること、つまり「一般意志の最善表現」の理念として示しておく。「一般意志」の最善表現の理念は、たえず社会がより善い状態へと改変されてゆく可能性の本質的条件である。

格差と市民社会

われわれは、「社会の本質学」が、何を動機として、何を目ざして、いかなる方法で展開されるべきかについての基本構図を確認したが、ここで、一つ具体的な例を示唆しておこう。

「格差」の問題の重要性と緊急性についてはすでに触れた。資本主義における格差の拡大は、さまざまな悪影響を及ぼすが、最も重要なのは、それが「民主主義」を実質的に破壊するという点である。いかにしてか？　金《マネー》の力と政治の癒着によってである。

富裕階層は、たえず富の配分が自分たちに有利となるように政治勢力に働きかけて、ルール（政治と経済のルール）を変更する努力を行なう。これを規制する力ももちろん存在しており、その綱引きが長く行なわれてきたのだが、しかし現在、この均衡の天秤は、ほとんど回復不可能なほどに大きく富裕層に傾いている。いかにこれを適切な均衡に戻すことができるだろうか。

国家の富の配分の調整方法には、さまざまなアイデアがある（課税、財政政策、金融システムの改革、ベーシックインカムその他）。だが、なにより重要なのは、これを改善すべき本質的な根拠であって、それを担うのが「一般意志」と「普遍資産」の概念にほかならない。

「普遍資産」は、社会が生み出した富は社会の総体的な経済活動の所産であり、それゆえその配分は、「一般意志」にのみ根拠づけられるということを意味している。つまり人々の総意の民主主義的な決定だけが、富の配分の「正当な」根拠なのである。

「格差」の過剰な拡大は、なぜ、たえず政治のルールによって適切に調整されるべきか。それは、市民社会が「互恵的原則」をもつべきだからではないし、相互扶助が人間の共同体的な美徳だからでもない。格差の拡大は、「一般意志」の表現を大きく阻害し、そのことで自由な市民社会の統治の原則を破壊する。それゆえ、財の配分を「一般意志」を根拠としてつねに適切に調整することは、「自由な市民社会」の理念にとって第一義的な重要性をもつ。

「社会の本質学」が主題とする領域は、しかしもちろん「富の配分」の問題だけではない。つねに主題とされるべきは、たとえば、政治制度、教育、経済システム、社会福祉、医療、司法や警察システム、科学技術についてのルールの調整である。そして、どの領域においてもその改変可能性の根拠となる中心概念は、「一般意志」であり、またこれから派生するところの、「一般福祉」や「普遍資産」の概念である。

われわれは、近代国家（市民国家）という建物の中に暮らしている。だから、市民国家が上述のような本質的設計図（原理）をもつことをうすうすは知っている。だが、おそらくほとんどの人は、この「自由な市民社会」という建物の根本的な設計図を自覚的には把握していない。だが、単にそこに住んでいることとその設計図を理解していることの間には、大きな違いがある。その設計図についての本質的な理解を欠くなら、大きな問題が生じたとき、われわれは何が最も問題の中心であり何がなされるべきかについて、適切な判断を創り上げることができないのである。

三　哲学の再生のために

「哲学のテーブル」という制度

現代社会がどこへ向かおうとしているかについて、さまざまな意見がある。しかし現在の状況は切迫している。いま、格差をはじめとする資本主義の問題を克服するための大きな展望とその合意を創り出すことができなければ、世界の持続可能性ということを超えて、われわれの世界は「自由な市民社会」の原理を手放し、世界はふたたび普遍戦争と絶対支配の状態に回帰するかもしれないからである。

十八世紀に始発した「近代市民社会」は、当時の人々にとって新しい自由な生への大きな希望だった。しかしその進展は人々の思惑通りに進まなかった。ヨーロッパの近代は「近代国家」を創り上げたが、それはまもなく激しい国家間の資本主義戦争へと移行して、世界に大きな悲惨をもたらした。

人々の希望は、巨大な犠牲をもたらした二つの大戦の後に、ようやく徐々にその歩みを始めるかに見えた。先進国の間の戦争の終焉と、相互共存、一般の人々の生活水準と福祉の向上。しかしそれはいま不穏な傾向を、格差の拡大、富裕層と一般の人々の階層的乖離、金の力による民主主義の崩壊といった明らかな傾向を露わにしている。

すでに、二十世紀前後から、資本主義を軸とする近代社会、近代国家に対するさまざまな批判が現われていた。まずマルクス主義は、「自由」に代えて「平等」を実現する社会を構想したが、「自由」を確保する原理をもてなかったために、結局、絶対支配社会に近づいて挫折した。つぎに登場した強力な批判者はポストモダン思想だった。

しかしここでは相対主義が批判の中心の武器となったため、あらゆる現状の制度を批判するが、しかしオルタナティヴを決して提示できないことが明らかとなった。普遍的な原理や根拠の考え自体が否定されたからである。そして、アメリカの政治哲学ほか、さまざまな政治思想や理想理念が現在の資本主義社会をいたるところで批判しているが、むしろこの批判の多様性が、変革のビジョンについての大きな合意を阻んでいるのである。

さて、私の主張をひとことで要約すれば、以下のようになる。

人間社会が、普遍戦争を抑止しかつ人間の自由を確保しつつこれをより発展させるための社会原理は、どれほど意外に思えてもたった一つしかない。つまり「自由な市民社会」の理念だけである。それゆえ、現在われわれが現代社会の矛盾を克服しようとするなら、他のさまざまな理念の可能性を断念して、この社会原理を原則として進むほかはない、と。

私はここでその理由を、十分に読者に伝えることができたとは思っていない。しかし一つのことは示すことができたように思う。つまり、社会の思想は、当為の理念、あるいは「理想」の提示であってはならなず、どこまでも普遍的な理論（思想）として提示されねばならない、ということである。

なぜなら、普遍性を求めない思想は、まず理想理念の多様性の前で挫折し、ついで普遍的な思想など存在しないという相対主義の前に屈するほかはない。このことは何を意味するか。これも一言でいえる。哲学や思想の営みは、結局のところ、人々の心のうちに拡がるあのシニシズムの「声」、「あれこれいっても所詮は理屈にすぎず、現実には力がすべてである」という声に対抗することができないからだ。もしそうだとすれば、つまり思想や哲学が「現実への対抗」という本質をもてないのであれば、哲学や思想にいったい何の意味があるだろうか。

鋭敏な読者は理解してくれると思うが、私は自分の考えを、唯一の正しい社会理論であると独断的に主張したいのではない。「社会の本質学」の考えを普遍的な社会原理として提示するが、それが真に普遍的な理論というに値するか、より優れた普遍的な原理が可能でないかどうかを、人々に検証してほしいと望んでいるのである。

哲学の「普遍的思考」の原則を、できるだけ簡明な仕方でいえばつぎのようになる。

すなわち、たえず問題の形を簡潔にし明瞭にすることで、問題を誰にとっても思考可能なものとすること。このことによって、「これこそ普遍的である」とする多くのアイデアを、可能なかぎり「哲学のテーブル」に参加させること。そしてその多様な「普遍的な考え」の提案を多くの人々の吟味と検証に開くことによって、より優れた普遍的な原理として鍛えてゆくこと。優れた哲学者が優れた「原理」を生み出す、というのは一つの事後的な説明にすぎない。哲学の思考が多くの普遍的な「原理」を生み出してきたのは、それが、「より普遍的な思考」が人々の吟味によって検証され選ばれてゆく「哲学のテーブル」という〝システム〟を擁護し、維持してきたからなのである。

哲学の志

哲学がそうした普遍的な「原理」を創出する言語ゲームであることを忘れると、哲学は、どんなことをも深遠な真理のように言い回す高度な弁論術に堕落する。そしていま哲学は、多くそうしたものになりかけている。

現代哲学者たちはどこにいるのか。社会批判の受け皿としての役割を終えたことが明らかなポストモダン思想の余燼《よじん》をめぐって、いまだ議論を続けている多くの哲学者たち。現代形而上学を象徴するハイデガー的反近代主義や、レヴィナスの「絶対他者」などに救済を見出そうとする倫理的な思想家たち。そして、論理相対主義に依拠した「言語の謎」や「存在の謎」についての思弁的議論に没頭する分析哲学者たち。さらにまた、多くの原理主義者、宗教主義者、無政府主義者、批判のための批判家、救済思想家たち。

長く続いた相対主義的哲学の迷妄を破って登場したように見える新しい哲学世代はどうだろうか。「新・実在論」の哲学は、たしかに相対主義哲学への対抗を主要な動機としている。しかしその理論上の武器となっているのは、相対主義に対抗する「本体論的」な思弁的実在論である。しかもこの実在論的な思潮は、いまや、AI的テクノロジーの進歩と結びついた現代的な実証主義的実在論と手を結びあう可能性をもっている。それらは、長く続いた相対主義から独断的実在論への、単なる時代的なゆり戻しにすぎないように私には思える。

重要なのは、現代哲学者や現代思想家が見過ごし、あるいは否認してきた近代哲学者たちの思考に、まさしく「哲学の普遍認識」を求める「言語ゲーム」が成立していたということだ。それは習慣となった人々の〝重い〟観念を動かすことで、人間の「自由」の存在条件を徐々に創り上げ、向上させてきた。さらにいえば、それは長い時間をかけて、人間の世界から一切の「超越項」を取り払う方向へと進み、そのことによって、人間の思考が理性的な普遍性へと近づく道を切り開いてきたのである。

われわれの近代がどこから現われ、われわれの社会がいまどこに立っており、そしてどのような可能な道が存在するのか。このことを本質的な仕方で知るためには、われわれはもういちど、普遍認識としての哲学に立ち戻らなくてはならない。さまざまな理想理念、さまざまな世界解釈、そしてさまざまな相対主義だけが存在するところでは、結局のところ「力」の論理だけがすべてを決定し、そして世界には、ただ矛盾と希望を言い立てるだけの空しい言葉があふれることになるのだ。

現在の資本主義が克服されるべきものであることについて、大きな合意が形成されつつある。そこにはわれわれの時代の希望がある。哲学の再生は、この希望を新しい人間社会の原理へと鍛えてゆくための、不可欠の条件である。この課題を担うのはおそらく古い世代の哲学者や学者たちではない。普遍認識の探求としての哲学の原理と本義を理解し、これを再生しようとする志をもつ真に新しい哲学世代だけが、この重要な課題を引き受けるに違いない。

引用文献

アーペル、カール゠オットー「知識の根本的基礎づけ」宗像恵・伊藤邦武訳、竹市明弘編『哲学の変貌――現代ドイツ哲学』岩波書店、一九八四年に所収
アーレント、ハンナ『暴力について――共和国の危機』山田正行訳、みすず書房、二〇〇〇年
アウグスティヌス『告白』山田晶訳、『世界の名著14　アウグスティヌス』中央公論社、一九七八年
アタナシオス「言の受肉」小高毅訳、上智大学中世思想研究所編訳・監修『中世思想原典集成 精選1 ギリシア教父・ビザンティン思想』平凡社ライブラリー、二〇一八年に所収
ウィトゲンシュタイン『哲学的探求』黒崎宏訳、『「哲学的探求」読解』産業図書、一九九七年
――『論理哲学論考』藤本隆志・坂井秀寿訳、法政大学出版局、一九六八年
ヴェーバー、マックス『社会科学と社会政策にかかわる認識の「客観性」』富永祐治・立野保男訳、折原浩補訳、岩波文庫、一九九八年
植村玄輝ほか編著『現代現象学――経験から始める哲学入門』新曜社、二〇一七年
ガブリエル、マルクス『なぜ世界は存在しないのか』清水一浩訳、講談社選書メチエ、二〇一八年
カルナップ、ルドルフ「科学の普遍言語としての物理的言語」竹尾治一郎訳、坂本百大編『現代哲学基本論文集I』（双書プロブレーマタ⑥）勁草書房、一九八六年に所収
カント『実践理性批判』波多野精一ほか訳、岩波文庫、一九七九年
クワイン、ウィラード・ヴァン・オーマン「経験主義のふたつのドグマ」飯田隆訳、『論理的観点から――論理と哲学をめぐる九章』勁草書房、一九九二年に所収
スタンダール『恋愛論』大岡昇平訳、新潮文庫、一九七〇年
スピノザ『エティカ』工藤喜作・斎藤博訳『世界の名著30　スピノザ　ライプニッツ』中央公論社、一九八

〇年
デカルト『省察』山田弘明訳、ちくま学芸文庫、二〇〇六年
デュルケム、エミール『社会学的方法の規準』宮島喬訳、岩波文庫、一九七八年
デリダ、ジャック『声と現象』林好雄訳、ちくま学芸文庫、二〇〇五年
――『法の力』堅田研一訳、法政大学出版局、一九九九年
ドゥウォーキン、ロナルド『権利論』増補版、木下毅ほか訳、木鐸社、一九八六年
ドゥルーズ&ガタリ『アンチ・オイディプス――資本主義と分裂症』市倉宏祐訳、河出書房新社、一九八六年
ニーチェ『権力への意志（下）』（ニーチェ全集13）原佑訳、ちくま学芸文庫、一九九三年
――『道徳の系譜』信太正三訳、『善悪の彼岸／道徳の系譜』（ニーチェ全集11）ちくま学芸文庫、一九九三年
パーソンズ、タルコット『社会的行為の構造（全五巻）』稲上毅・厚東洋輔訳、木鐸社、一九七六―一九八九年
ハイデガー『存在と時間』原佑訳、『世界の名著74　ハイデガー』中央公論社、一九八〇年
ハイデッガー『形而上学入門』川原栄峰訳、平凡社ライブラリー、一九九四年
バタイユ、ジョルジュ『エロティシズム』酒井健訳、ちくま学芸文庫、二〇〇四年
ピンカー、スティーブン『暴力の人類史（上）』幾島幸子・塩原通緒訳、青土社、二〇一五年
フィンク、オイゲン『フッサールの現象学』新田義弘・小池稔訳、以文社、一九八二年
フーコー、ミシェル『言葉と物――人文科学の考古学』渡辺一民・佐々木明訳、新潮社、一九七四年
フッサール、エトムント『イデーンⅠ―Ⅰ』渡辺二郎訳、みすず書房、一九七九年
――『現象学の理念』立松弘孝訳、みすず書房、一九六五年
――『デカルト的省察』船橋弘訳、『世界の名著51　ブレンターノ　フッサール』中央公論社、一九七

〇年
――『ヨーロッパの学問の危機と先験的現象学』細谷恒夫訳、『世界の名著51　ブレンターノ　フッサール』
プラトン『饗宴／パイドロス』(プラトン全集5)鈴木照雄／藤沢令夫訳、岩波書店、一九七四年
――『国家』藤沢令夫訳、『クレイポトン／国家』(プラトン全集11)岩波書店、一九八一年
――『パイドン』松永雄二訳、『エウテュプロン／ソクラテスの弁明／クリトン／パイドン』(プラトン全集1)岩波書店、一九七五年
ヘーゲル『精神の現象学(下)』(ヘーゲル全集5)金子武蔵訳、岩波書店、一九七九年
――『美学講義』長谷川宏訳、作品社、一九九五年
――『法の哲学』藤野渉・赤澤正敏訳、『世界の名著35　ヘーゲル』中央公論社、一九六七年
ポパー、カール『推測と反駁――科学的知識の発展』藤本隆志ほか訳、法政大学出版局、一九八〇年
マッキンタイア、アラスデア『美徳なき時代』篠﨑榮訳、みすず書房、一九九三年
マルクス&エンゲルス『ドイツ・イデオロギー』新編輯版、廣松渉編訳、小林昌人補訳、岩波文庫、二〇〇二年
メイヤスー、カンタン『有限性の後で――偶然性の必然性についての試論』千葉雅也ほか訳、人文書院、二〇一六年
メルロー=ポンティ、モーリス『知覚の現象学 1』竹内芳郎・小木貞孝訳、みすず書房、一九六七年
行岡哲男『医療とは何か――現場で根本問題を解きほぐす』河出ブックス、二〇一二年
ユクスキュル&クリサート『生物から見た世界』日高敏隆・羽田節子訳、岩波文庫、二〇〇五年
ラッセル、バートランド『西洋哲学史 1――古代より現代に至る政治的・社会的諸条件との関連における哲学史』市井三郎訳、みすず書房、一九七〇年
ラントグレーベ、ルートヴィッヒ「フッサールの構成論についての反省」小川侃訳、マックス・ミュラーほ

か『現象学の根本問題』晃洋書房、一九七八年に所収
ルーマン、ニクラス『法と社会システム——社会学的啓蒙』改訳版、土方昭監訳、一九八八年
ルソー、ジャン=ジャック『社会契約論』井上幸治訳、『世界の名著30　ルソー』中央公論社、一九六六年
レヴィ=ストロース、クロード『構造人類学』荒川幾男ほか訳、みすず書房、一九七二年
ローティ、リチャード『哲学と自然の鏡』野家啓一監訳、伊藤春樹ほか訳、産業図書、一九九三年
ロールズ、ジョン『正義論』改訂版、川本隆史ほか訳、紀伊國屋書店、二〇一〇年

人名索引

あ 行

アーペル，カール＝オットー　147
アインシュタイン　54, 217
アウグスティヌス　26, 115, 136
アタナシオス　143
アドラー，アルフレッド　190, 217
アナクシマンドロス　12, 142
アナクシメネス　12
アリストテレス　21-23, 28, 56, 120, 121, 126, 127, 139, 142, 151, 152, 202
アルチュセール，ルイ　215, 216
アルバート，ハンス　29
アレント，ハンナ　228, 230
ウィトゲンシュタイン　13, 22, 28, 30, 55, 60, 113-117, 119, 121, 127, 129, 146, 147, 150, 169
ヴィンデルバント，ヴィルヘルム　87
ヴェーバー，マックス　206, 208, 209, 212
ヴォルテール　255
ヴント，ヴィルヘルム　185
エイヤー，アルフレッド　55
オースティン，ジョン　55

か 行

ガダマー，ハンス＝ゲオルク　114, 197
ガタリ，フェリックス　221
ガブリエル，マルクス　142, 148-150, 152, 153
カルナップ，ルドルフ　55, 114, 117-119
カント　22, 29, 43, 45-48, 51-54, 62, 63, 90, 108, 115, 118, 134, 143, 144, 146, 197-199, 202, 203, 211, 224, 242, 243, 247
グールヴィッチ，アロン　95
クーン，トマス　55
グラムシ，アントニオ　216
グラント，イアン・ハミルトン　142
クリプキ，ソール　28, 29, 55, 120, 121, 127
クワイン，ウィラード・v・O　55, 114, 117-119
ゴルギアス　19-22, 29, 40, 59, 63, 83, 84, 90, 141, 151, 155

コント，オーギュスト　87, 134, 160, 184, 207, 210, 213

さ 行

サール，ジョン　28, 55, 121, 129
サルトル，ジャン＝ポール　88, 114
サンデル，マイケル　234, 264
シェーラー，マックス　87
シェリング，フリードリヒ　51
シュッツ，アルフレッド　163
シュリック，モーリッツ　114
シラー　29
スターリン　258
スタンダール　219
スピノザ　31, 43, 45, 48, 52, 255
スペンサー，ハーバート　206, 207, 210
スミス，アダム　183, 247, 255
ゼノン　25, 26, 132, 138
ソクラテス　202

た 行

ダメット，マイケル　55
タレス　12
チャーチル　258
チャーマーズ，デイヴィッド　27, 129
デイヴィッドソン，ドナルド　27, 55, 121, 129
ディドロ　255
デカルト　14, 21, 22, 35, 39, 40, 61, 62, 146, 178, 179
デュルケーム　206–208, 210, 212, 213
デリダ，ジャック　55, 70, 88, 121, 125, 130–133, 136, 138, 222, 223, 225, 226, 228, 230, 233
トイニッセン，ミヒャエル　87
ドゥウォーキン，ロナルド　234, 236, 237
ドゥルーズ，ジル　68, 130, 131, 215, 216, 220, 221, 228
ドレイファス，ヒューバート　147

な 行

ナーガールジュナ　26
ニーチェ　24, 34, 37, 54, 55, 60, 63–69, 115, 125, 129, 130, 138, 143, 144, 152–154, 183, 227, 269
ニュートン，アイザック　13
ノージック，ロバート　231, 234, 235, 237, 238, 263, 264

は 行

バーク，エドマンド　255
パーソンズ，タルコット　209–213

ハーバーマス，ユルゲン　163
ハーマン，グレアム　142
ハイエク　234
ハイデガー　86-89, 114, 134-137, 139-144, 150, 151, 154, 167, 168, 171-174, 197, 199-203
バタイユ，ジョルジュ　181, 182
パトチュカ，ヤン　87
パトナム，ヒラリー　55, 121
ハラリ，ユヴァル・ノア　41
ハルトマン，ニコライ　29
パルメニデス　142
ヒトラー　258
ヒューム，デイヴィッド　15, 21, 31, 43, 45, 46, 48, 183, 255
ピンカー，スティーブン　41, 219, 220, 248, 251, 252
フィヒテ　51
フィンク，オイゲン　87-90
フーコー，ミシェル　68, 88, 130, 131, 133-135, 215, 216, 219-221, 228, 230, 252
フェヒナー，グスタフ　185
フェレスダール，ダグフィン　94
フッサール　22, 37, 55, 57, 59, 70-73, 75, 77, 78, 86, 89-102, 106-110, 125, 132, 133, 139, 141, 143, 152-155, 160-166, 178, 183, 197, 213, 241
ブラシエ，レイ　142
プラトン　21-23, 29, 120, 173, 183, 195, 205, 242
ブラント，ゲルト　87
フレーゲ　30, 55, 56, 114, 120
フロイト　134, 135, 171, 174, 185-187, 189, 191, 217-219, 221
ヘーゲル　22, 29, 34, 42-44, 48-54, 71, 139, 146, 152, 183, 197-199, 203, 211, 243, 244, 256, 260-262, 264
ヘラクレイトス　27, 142
ベルクソン　132, 136
ヘルト，クラウス　87
ホッブズ　11, 40-44, 49, 209, 210, 229, 247, 256, 257, 259, 261, 263
ポパー，カール　217, 218

ま　行

マクタガート，ジョン　26
マッキンタイア，アラスデア　231, 234, 235, 238, 263
マルクス　206, 217, 253
マンハイム，カール　206
ミル，ジョン・スチュアート　183
メイヤスー，カンタン　142-146, 148, 150, 152, 266
メルロー＝ポンティ，モーリス　88, 93, 114, 166
モンテスキュー　255

や　行

行岡哲男　178-180
ユクスキュル　66, 67
ユング　174, 190

ら　行

ライシュ，ロバート　251
ラッセル，バートランド　28, 30, 43, 55, 56, 71, 114, 120, 121, 127, 258, 260
ラントグレーベ，ルートヴィッヒ　87, 89
リッケルト，ハインリヒ　87
ルーマン，ニクラス　163, 209-213
ルソー，ジャン・ジャック　15, 40-44, 49, 229, 230, 238, 256-261, 263, 264
レヴィ＝ストロース，クロード　190-193
レヴィナス，エマニュエル　87, 88, 200-203
ローティ，リチャード　55, 70, 71, 114, 121
ロールズ，ジョン　230-237, 263, 265
ロスリング，ハンス　251
ロック，ジョン　41, 43, 45, 49, 234, 238, 255, 257, 258, 264
ロムバッハ，ハインリヒ　87

© Sato Rui

竹田青嗣（たけだ・せいじ）
1947年大阪府生まれ。哲学者。早稲田大学名誉教授、大学院大学至善館教授。早稲田大学政治経済学部卒業。明治学院大学国際学部教授、早稲田大学国際教養学部教授を歴任。
著書に『現象学入門』（NHKブックス）、『欲望論』第1巻・第2巻（講談社）、『超解読! はじめてのフッサール『現象学の理念』』（講談社現代新書）、『人間的自由の条件』（講談社学術文庫）、『ニーチェ入門』（ちくま新書）、『言語的思考へ』（径書房）、『哲学は資本主義を変えられるか』（角川ソフィア文庫）など。

NHK BOOKS 1262

哲学とは何か

2020年4月25日　第1刷発行
2020年8月30日　第3刷発行

著　者　竹田青嗣　
発行者　森永公紀
発行所　NHK出版
東京都渋谷区宇田川町41-1　郵便番号150-8081
電話 0570-009-321（問い合わせ）　0570-000-321（注文）
ホームページ　https://www.nhk-book.co.jp
振替　00110-1-49701
装幀者　水戸部 功
印　刷　三秀舎・近代美術
製　本　三森製本所

Printed in Japan　ISBN978-4-14-091262-1 C1310

NHK BOOKS

＊宗教・哲学・思想

仏像［完全版］―心とかたち―　望月信成／佐和隆研／梅原 猛
原始仏教―その思想と生活―　中村 元
ブッダの人と思想　中村 元／田辺祥二
がんばれ仏教！―お寺ルネサンスの時代―　上田紀行
目覚めよ仏教！―ダライ・ラマとの対話―　上田紀行
ブータン仏教から見た日本仏教　今枝由郎
人類は「宗教」に勝てるか―一神教文明の終焉―　町田宗鳳
現象学入門　竹田青嗣
ヘーゲル・大人のなりかた　西 研
論理学入門―推論のセンスとテクニックのために―　三浦俊彦
東京から考える―格差・郊外・ナショナリズム―　東 浩紀／北田暁大
日本的想像力の未来―クール・ジャパノロジーの可能性―　東 浩紀編
ジンメル・つながりの哲学　菅野 仁
科学哲学の冒険―サイエンスの目的と方法をさぐる―　戸田山和久
集中講義！ 日本の現代思想―ポストモダンとは何だったのか―　仲正昌樹
集中講義！ アメリカ現代思想―リベラリズムの冒険―　仲正昌樹
哲学ディベート―〈倫理〉を〈論理〉する―　高橋昌一郎
カント 信じるための哲学―「わたし」から「世界」を考える―　石川輝吉
ストリートの思想―転換期としての1990年代―　毛利嘉孝
「かなしみ」の哲学―日本精神史の源をさぐる―　竹内整一
道元の思想―大乗仏教の真髄を読み解く―　賴住光子
詩歌と戦争―白秋と民衆、総力戦への「道」―　中野敏男
アリストテレス はじめての形而上学　富松保文
なぜ猫は鏡を見ないか？―音楽と心の進化誌―　伊東 乾
ほんとうの構造主義―言語・権力・主体―　出口 顯
「自由」はいかに可能か―社会構想のための哲学―　苫野一徳
弥勒の来た道　立川武蔵
イスラームの深層―「遍在する神」とは何か―　鎌田 繁
マルクス思想の核心―21世紀の社会理論のために―　鈴木 直
カント哲学の核心―『プロレゴーメナ』から読み解く―　御子柴善之
戦後「社会科学」の思想―丸山眞男から新保守主義まで―　森 政稔

※在庫品切れの際はご容赦下さい。

NHK BOOKS

＊社会

嗤う日本の「ナショナリズム」　北田暁大
新版　図書館の発見　前川恒雄／石井　敦
社会学入門―〈多元化する時代〉をどう捉えるか―　稲葉振一郎
ウェブ社会の思想―〈遍在する私〉をどう生きるか―　鈴木謙介
新版　データで読む家族問題　湯沢雍彦／宮本みち子
現代日本の転機―「自由」と「安定」のジレンマ―　高原基彰
メディアスポーツ解体―〈見えない権力〉をあぶり出す―　森田浩之
議論のルール　福沢一吉
「韓流」と「日流」―文化から読み解く日韓新時代―　クォン・ヨンソク
希望論―２０１０年代の文化と社会―　宇野常寛・濱野智史
ＩＴが守る、ＩＴを守る―天災・人災と情報技術―　坂井修一
団地の空間政治学　原　武史
図説　日本のメディア［新版］―伝統メディアはネットでどう変わるか―　藤竹　暁／竹下俊郎
ウェブ社会のゆくえ―〈多孔化〉した現実のなかで―　鈴木謙介
情報社会の情念―クリエイティブの条件を問う―　黒瀬陽平
未来をつくる権利―社会問題を読み解く６つの講義―　荻上チキ
新東京風景論―箱化する都市、衰退する街―　三浦　展
日本人の行動パターン　ルース・ベネディクト
「就活」と日本社会―平等幻想を超えて―　常見陽平
現代日本人の意識構造［第九版］　ＮＨＫ放送文化研究所　編

＊教育・心理・福祉

不登校という生き方―教育の多様化と子どもの権利―　奥地圭子
身体感覚を取り戻す―腰・ハラ文化の再生―　斎藤　孝
子どもに伝えたい〈三つの力〉―生きる力を鍛える―　斎藤　孝
フロイト―その自我の軌跡―　小此木啓吾
孤独であるためのレッスン　諸富祥彦
内臓が生みだす心　西原克成
人間の本性を考える―心は「空白の石版」か―（上）（中）（下）　スティーブン・ピンカー
母は娘の人生を支配する―なぜ「母殺し」は難しいのか―　斎藤　環
福祉の思想　糸賀一雄
アドラー　人生を生き抜く心理学　岸見一郎
「人間国家」への改革―参加保障型の福祉社会をつくる―　神野直彦

※在庫品切れの際はご容赦下さい。

NHK BOOKS

*文学・古典・言語・芸術

日本語の特質　金田一春彦
言語を生みだす本能（上）（下）　スティーブン・ピンカー
思考する言語―「ことばの意味」から人間性に迫る―（上）（中）（下）　スティーブン・ピンカー
小説入門のための高校入試国語　石原千秋
評論入門のための高校入試国語　石原千秋
ドストエフスキイ―その生涯と作品―　埴谷雄高
ドストエフスキー　父殺しの文学（上）（下）　亀山郁夫
英語の感覚・日本語の感覚―〈ことばの意味〉のしくみ―　池上嘉彦
英語の発想・日本語の発想　外山滋比古
英文法をこわす―感覚による再構築―　大西泰斗
絵画を読む―イコノロジー入門―　若桑みどり
フェルメールの世界―17世紀オランダ風俗画家の軌跡―　小林頼子
子供とカップルの美術史―中世から18世紀へ―　森　洋子
形の美とは何か　三井秀樹
かたちの日本美―和のデザイン学―　三井秀樹
琳派のデザイン学　三井秀樹
刺青とヌードの美術史―江戸から近代へ―　宮下規久朗
ロシア文学の食卓　沼野恭子
シュルレアリスム絵画と日本―イメージの受容と創造―　速水　豊
オペラ・シンドローム―愛と死の饗宴―　島田雅彦
歌舞伎の中の日本　松井今朝子
伝える！　作文の練習問題　野内良三
新版　論文の教室―レポートから卒論まで―　戸田山和久
宮崎駿論―神々と子どもたちの物語―　杉田俊介
万葉集―時代と作品―　木俣　修
西行の風景　桑子敏雄
深読みジェイン・オースティン―恋愛心理を解剖する―　廣野由美子
舞台の上のジャポニスム―演じられた幻想の〈日本女性〉―　馬渕明子
スペイン美術史入門―積層する美と歴史の物語―　大髙保二郎ほか
「古今和歌集」の創造力　鈴木宏子

※在庫品切れの際はご容赦下さい。